La Théorie du Caca

à l'usage des gens honnêtes

Lâchez prise avec Classe

SOGAST

SOMMAIRE

PRÉFACE

Je ne voulais pas être une fille et je n'en voyais pas l'intérêt.

J'ai toujours vu les femmes autour de moi se soumettre, "bien se comporter", être au service des autres et se sacrifier pour que les hommes puissent poursuivre leur carrière. J'ai grandi dans une famille qui adhérait à cette croyance.

Comme si l'on naissait en moins, et que l'homme, lui, était un plus. Je trouvais cela terriblement injuste.

Alors j'étais rebelle.

À Noël, je me pointais avec des pantalons militaires et aux fêtes de famille je portais des chaussures de chantier.

Mes cousines essayaient de me raisonner.

Ma grand-mère me faisait les gros yeux, "tu dois avoir l'attitude d'une fille de bonne famille", disait-elle.

Ma grand-mère était pourtant atypique. Une femme à son compte, entrepreneur. Moi je la trouvais juste agaçante et paradoxale : me demandant de "faire la fille" alors qu'elle était si indépendante.

Ça veut dire quoi "faire la fille" selon ma grand-mère au juste ?

Jouer à la poupée, porter des jupes, des collants en laine, qui piquent, sourire et avoir une barrette dans les cheveux.
L'attitude des femmes n'a pas été la seule à m'influencer: celle des hommes et de la société toute entière m'envoyaient continuellement des signaux contradictoires sur la force et la soumission de la femme, faisant de moi une rebelle culpabilisée et très obéissante.

Je me souviens quand j'avais 10 ans, lors d'un voyage à l'étranger, des hommes beaucoup plus âgés nous surnommaient «les gazelles" quand nous jouions sur la plage. Comme si nous étions des animaux "à attraper" ou "à capturer". Comme quoi, il n'y a pas qu'en France que la femme est vue comme un objet.

C'est un problème universel.

Plutôt que de porter un regard sur le passé, j'ai décidé de porter une action.

Ce livre.

Ma théorie.

Je m'adresse aux femmes qui se sentent impuissantes dans leur vie alors qu'elles sont rebelles dans leur fort intérieur.

À celles qui ont reçu une éducation qui les a naturellement prédisposées au sacrifice.

À celles dont l'histoire personnelle, ainsi que le reflet que leur renvoie la société, ont perpétué ce conditionnement mi-docile, mi-rebelle, les prédisposant à l'abus.

Ces femmes qui sont piégées par les diktats sociétaux, leur éducation, et par leurs valeurs.

Tenez, les valeurs familiales, par exemple :

L'homme, s'il veut quitter femme et enfant(s), tout le monde l'encourage. Pour nous, les femmes, ce n'est pas la même histoire. "Pourquoi partir ?" "Comment vas-tu faire ?" Nous devons unir la famille quoiqu'il se passe, quoi que l'on nous fasse.

S'il te trompe, c'est que tu l'as négligé en te négligeant. Tu n'as pas de temps pour le ménage parce que tu bosses beaucoup ? Pas étonnant qu'il te quitte car il a tant à faire pour nourrir la famille. Tu ne peux pas attendre cela de lui. C'est ton rôle et tu as échoué.

Nous devons prendre en charge l'entièreté du ménage et l'éducation parfaite des enfants. PARFAITE on a dit !

Nous n'avons pas le droit à l'erreur, on nous l'a bien fait comprendre : le monde entier doit passer avant nous, tout comme nous devons être physiquement irréprochables.

Nous sacrifier, oui, mais jusqu'où ?

J'ai coaché une femme ambitieuse qui ne parvenait pas à faire décoller sa carrière d'entrepreneur.

Son mari l'était déjà, et voyageait partout dans le monde pour son entreprise. Il n'avait pas à se soucier des enfants, de l'école, ou encore des repas. Il les savait en sécurité parce qu'elle y veillait. Elle était tout : sa secrétaire, sa nounou, son assistante, sa maîtresse, sa femme et elle assumait TOUT, toute seule.

La part de stress n'était pas équitablement répartie car l'homme avait tout déchargé sur sa femme. Celle-ci, habituée à se sacrifier, n'y voyait pas d'inconvénient, jusqu'à ce que sa carrière et sa santé mentale en pâtissent.

Elle se sacrifiait pour la réussite de son mari.

Ma mère a eu ce même parcours, tout comme j'ai eu la même histoire.

On sacrifie notre identité, nos besoins, notre liberté, notre carrière, nos désirs et, à la maison, nous compensons l'absence de notre mari en prenant le rôle du papa et de la maman.

En le sécurisant, nous assumons tout, alors que lui est absent de son poste. À force de tout faire à la place de l'homme, nous récupérons aussi toutes les emmerdes des autres.

Les femmes auraient clairement évité tout ce stress si on leur avait appris à penser un peu à elles. Mais penser à "soi" signifie : "faillir à son devoir", pour les bien-pensants.

On se retrouve alors dans une vie qui ne nous ressemble pas, face à des problèmes et des cacas qui ne nous appartiennent pas.

Deux choix s'offrent alors à nous :
- Nous enliser dans le caca
- En faire du terreau

Je crois fermement en la dédramatisation de tout ce qui nous arrive. C'est pourquoi j'écris ce livre : une théorie qui a déjà aidé bon nombre de mes coaché(e)s et ami(e)s.

Il s'agit de la Théorie du Caca à l'usage des gens honnêtes.

Quand une situation nous prend au cœur et au corps, on doit se demander si toutes ces emmerdes valent la peine qu'on y consacre autant d'énergie.

On peut décider de façon simple si c'est du caca mou, dans lequel on ne doit pas marcher, ou du caca dur, qu'on doit absolument expulser par tous les moyens.

Grâce à cette théorie, vous prendrez du recul et vous vous installerez à votre place car rester dans le caniveau, dans le caca des autres, empêchera votre élévation.

Remuer la merde va juste mélanger les ingrédients mais ne va pas nettoyer les tâches. On l'étale, tout au mieux.

Cette méthode vous aidera à changer de perspective, à passer rapidement à autre chose pour vous concentrer sur ce qui compte vraiment pour vous et à "tirer la chasse" sur le reste.

Vous cesserez de vous approprier la merde des autres pour vous concentrer sur vos véritables aspirations. Vous remettrez à la personne concernée le stress et le caca mou qui lui appartiennent.

Vous deviendrez alors distant et intouchable.

Pour donner de la valeur à ce qui en a...vraiment.

PROLOGUE

Une petite fille passait du temps à l'hôpital et ne se demandait pas pourquoi elle y allait. Elle était porteuse d'une maladie génétique qui multipliait les polypes dans son corps.

Elle n'avait pas le nom de sa maladie, car sa mère refusait qu'elle le sache pour éviter qu'elle ne se comporte comme victime de son mal.

Plus tard, elle a failli y passer, les polypes l'avaient envahie, et bouchaient aussi ses intestins. Elle a alors subi une opération, et a découvert qu'elle souffrait d'une maladie très rare et incurable.

Cette hospitalisation était tombée pile au moment des examens de fin d'année. Souvent absente, elle n'avait pas d'amis dans sa promotion, et personne n'a voulu lui passer les cours.

Elle a quand même obtenu son diplôme.

Un jour, après un examen médical difficile, elle pète un câble et décide de ne plus se faire suivre.

Elle oublie l'hôpital et décide de vivre le moment présent : de profiter et d'aimer la vie.

Elle réalise tout ce qu'il lui est possible de réaliser : voyages, accomplissement professionnel et personnel, jusqu'à devenir elle-même maman.

Pour son enfant, elle accepte à nouveau de subir des examens après plusieurs années.

Et rien.

Son état était passé de critique (avec les polypes qui l'envahissaient) à stationnaire et pour la première fois de sa vie, aucun polype ne fut trouvé...

C'était pourtant dans ses gènes ! Elle était condamnée... Alors pourquoi les polypes ne se multipliaient-ils pas comme c'était pourtant prévu ?

Lorsque le cerveau est persuadé qu'on va bien, le corps a tendance à fonctionner en lui obéissant.

Ni les médecins, ni moi-même, ne pouvons soigner ma maladie. Je le sais.

Je me suis simplement focalisée sur les plaisirs simples de la vie. Sur ce qui me procure du bonheur, sur mes rêves tant que j'étais en vie.

Ma maladie est incurable. Souvent, on a l'impression que nos problèmes le sont aussi.

Comment faire, alors ?

Ce livre raconte comment faire un tri entre ce sur quoi on peut agir, et "tirer la chasse" sur le reste. Comment vivre pleinement nos emmerdes avec force, sagesse, espoir et humour !

À peine sorti d'une situation qu'une nouvelle "merde" refait surface et nous enlise. Mais il y aura toujours des hauts et des bas.

Et on souhaite s'en débarrasser !

Chapitre 1 : Comment attraper une abeille : "on lui propose du miel."

J'ai toujours été une femme épanouie.

Je voyais souvent mes amis, je performais au travail, et je voyageais autant que je le souhaitais.

Il n'y avait qu'un domaine de ma vie qui ne fonctionnait pas encore : l'amour.

Je pleurais chaque soir; de ne pas être aimée, de manger seule et de ne pas avoir fondé une famille. Cette impression de ne servir à rien était dans mes tripes, et cette peur de ne pas être aimée ne cessait de grandir.

En même temps, j'avais très peur de me sentir coincée dans une relation amoureuse et ses impératifs. Dès que mes petits amis me demandaient davantage d'attention, de répondre aux conventions, ou même de partir avec eux, je les quittais. Un jour, un ex a voulu m'emmener faire du cheval alors que c'est ma phobie, je l'ai quitté sans regret.

Je me souviens avoir demandé à l'Univers un homme qui me laisse libre de tout. Un homme qui respecte mon besoin de voyager sans lui, de décider sans lui et d'être moi-même, sans avoir à renier mes valeurs.

J'ai rencontré Marc dans un bar à jazz où j'avais l'habitude d'aller. Nous avions des amis en commun et il m' observait toujours d'un air distant. Physiquement il n'était pas du tout mon type d'homme, mais il faut voir au-delà des apparences.

Un soir, il a osé m'aborder et m'a écouté parler toute la nuit ; de moi, de mes voyages, de mes ambitions.

Très vite, on s'est trouvé des points communs. On était pareil ; lui aussi rêvait de la liberté et de pouvoir être lui-même, tout en étant à deux. Il était indépendant d'esprit et rêvait de fonder une famille avec une femme de valeur.

Quelques jours plus tard, lorsqu'il m'a dit que j'étais la femme de sa vie, je savais déjà qu'il était, lui aussi, l'homme de ma vie.

Je ressentais chez lui un mélange d'extrême gentillesse et de frustration importante. Je me suis dit que cela allait être génial d'être avec quelqu'un de gentil qui avait l'air ambitieux.

Quelques semaines plus tard, il m'a demandé d'être sa femme pour toujours et m'a offert une bague sertie de diamants. J'en étais déjà amoureuse et bien évidemment, j'ai dit oui.

Père d'une petite fille de 6 ans, il occupait un bon poste dans une grande boîte. J'en conclus donc qu'il était capable d'être à la fois un père et un mari responsable.

Je l'ai très vite présenté à mes parents, qui l'ont adoré sans réserve. Ces derniers, qui ne pouvaient encadrer personne étaient , eux aussi, tombés sous son charme.

Marc me laissait très libre, comme je le souhaitais, je suis partie en voyage au Liban et au Cambodge, il ne me demandait jamais où, et avec qui j'étais.

Je cherchais des robes de mariée. Ma nouvelle vie allait être magnifique !

Quatre ans plus tard, j'ai fait le bilan de ma vie.

Je n'ai jamais eu de robe. Nous avons fait un mariage des plus rapides en mairie, entre deux rendez-vous.

Quant à la bague, elle était fausse, les diamants sont tombés les uns après les autres...comme des mises en garde.

Chapitre 2 :
Descente aux enfers

Pendant quelques mois, j'étais aux anges car il me valorisait, m'encensait et me couvrait de compliments.

Quand je doutais de moi, il me rattrapait au vol. Il m'expliquait par a + b pourquoi j'étais talentueuse, indépendante, ou encore féminine. Il me disait qu'il validait ma vie de coach à l'international et qu'il me rejoindrait avec sa fille, là où je déciderai de vivre.

J'étais sa femme et il m'attendrait.

La moindre chose que je faisais était incroyable pour lui : mon boulot, mes vêtements, qu'il disait très élégants, ma beauté, mon esprit, mon indépendance, ainsi que mon sens de l'humour, entre autres.

Le jour où il m'a présenté sa fille, cela s'est si bien passé qu'il m'a affirmé que je remplaçais affectivement la mère de cette petite…

Nos discussions étaient tellement passionnantes que j'attendais le soir avec impatience. On parlait beaucoup, je pleurais souvent d'émotion car il me correspondait parfaitement.

Si je fondais une famille, ce serait pour l'éternité, quoi qu'il se passe, quoi qu'on endure.

J'avais le sentiment de réussir ma vie affective. Alors, pourquoi avais-je commencé tout doucement à douter de moi-même ?

Tous ses compliments étaient si démesurés. À ses yeux, je semblais si brillante que c'était devenu un poids énorme sur mes épaules. Je me suis dit que si un jour je venais à merder, il verrait à quel point je n'étais pas aussi incroyable qu'il le pensait. Le choc serait rude !

Pour lui, j'étais tout l'inverse de son ex, qui n'avait su que le ruiner et l'affaiblir. Visiblement, une mauvaise mère qui ne se souciait pas beaucoup de sa fille, une folle sans ambition. Je réalise aujourd'hui que la façon dont il la dépeignait était une bonne indication sur ce qui m'attendait moi aussi.

Je suis tombée enceinte, et c'est là que tout a basculé.

En annonçant cette grossesse, j'attendais de lui qu'il soit présent, et qu'il montre qu'il serait un bon père.

Mais il s'est mis à briller par son absence.

Je le savais, c'était bien trop beau pour être vrai. Au début, j'ai pensé que Marc était la pièce du puzzle qui manquait tant et qui me complétait.

Il était si distant tout à coup ! Je ne comprenais pas. Qu'est ce que j'avais fait de mal ? Lui, ne comprenait pas mon malaise.

Je me suis alors pliée en quatre pour récupérer notre relation à tout prix. Je voulais que tout redevienne comme au début.

Ce jour n'arriverait jamais.

C'était le début de l'emprise...

À cette époque, je ne savais pas que la surabondance de compliments était une technique de manipulation bien rodée, utilisée pour que l'autre se sente unique et incroyable.

J'étais si proche de mon rêve, qu'il était inconcevable de le laisser filer. J'avais si peur de perdre cet homme et son amour que j'étais prête à tout accepter; même le pire...

Tomber enceinte en a rajouté à ma détermination, car les valeurs familiales font partie de mes valeurs sacrées. L'idée de briser ma famille me rendait malade à vomir.

J'ai eu ce que j'avais demandé à l'Univers : un homme qui m'aime et qui me laisse libre.

Mais à ce degré, ce n'était plus de la liberté que j'avais, mais du "je m'en foutisme". J'ai fini par comprendre qu'il s'en foutait pour de vrai, et non pour respecter mon besoin d'air.

Chapitre 3 :
Dans le brouillard

Connaissez vous le sketch de Coluche dans lequel un homme fait de l'auto-stop ?

Il lève son pouce au bord de la route, sous un soleil de plomb, transpirant et puant, un sac de trois tonnes sur le dos. Plusieurs heures passent sans qu'aucune voiture ne s'arrête.

Sauf une,

Une fois à bord, il s'écrie: "Elle est vraiment pourrie votre voiture ! Qu'est ce qu'on mange ce soir ?"

Marc est cet auto stoppeur. Lui et sa fille ont emménagé dans ma petite maison, avec seulement deux chambres pour trois, et bientôt, un quatrième membre : je sais maintenant que j'attends un fils.

Un matin, alors que je donnais le bain à sa fille, il m'a demandé très sérieusement si je n'avais pas honte d'héberger autant de monde chez moi.

On nourrissait le rêve d'une maison familiale, avec une chambre pour chacun, mais les difficultés à son travail nous empêchaient de compter sur ses revenus.

Il m'avait dit qu'après des soucis avec son boss, son salaire s'était réduit à 1500 euros. Il n'avait plus de primes commerciales. Cela ne l'empêchait pas de garder un train de vie où ses dépenses mensuelles étaient supérieures à 4000 Euros.

Si on déménageait, tout reposerait sur mes seuls revenus.

Dans ces conditions, pour acheter une maison, il faudrait s'éloigner du centre-ville de Lyon et il serait sans travail.

Je ne me sentais pas d'assumer autant de responsabilité seule. Au moindre coup dur, cela mettrait tout le monde en danger.

Il me disait que j'étais lâche, car j'étais apeurée à l'idée de prendre une grande maison où il y aurait de la place pour nous tous. Selon lui, j'étais irresponsable, égoïste et dénuée de courage. Il affirmait que je ne prenais aucun risque dans la vie, et que depuis le temps, j'aurais déjà dû prendre cette décision.

Tout ce qu'il disait ne me ressemblait pas. Pour atténuer ma culpabilité, je redoublais d'efforts pour prendre le moins de place possible.

Malgré cela, il me répétait souvent que je prenais toute la place, que mes affaires étaient omniprésentes et que je ne savais pas vivre en communauté.

Il est normal qu'il y ait mes affaires partout puisque je vivais seule ici avant leur arrivée. Mais ça, je me suis bien gardée de le lui dire, au risque de me coltiner un monologue interminable et la nuit blanche qui l'accompagne.

Ma paix a plus de valeur que mon ego.

Marc m'a fait comprendre que sa fille elle-même ne se sentait pas à l'aise chez moi, qu'ils n'avaient aucun endroit où ranger leurs affaires.

Un jour, alors que j'étais absente, Marc a loué un camion et a mis mes affaires dedans pour les déposer dans un box.

Il a proposé à sa fille de l'aider à trier mes vêtements pour les donner à des associations.

Lorsque je m'en suis rendu compte , il était trop tard. J'ai continué à vider définitivement mon chez moi et j'ai déposé tout chez ma sœur, en sécurité. Je suis resté chez elle quelques jours, sans le prévenir au préalable.

J'étais épuisée par des débats stériles; il trouvait une feinte à toutes mes tentatives de discussion.

En réalité, c'est sa situation financière qui nous empêchait d'acheter une maison, mais je refusais d'en rajouter une couche car il se sentirait humilié.

Ne voyant aucune solution, je me suis murée dans le silence.

Me taire est ma meilleure arme, il ne pouvait plus utiliser mes arguments contre moi, ou me dire à quel point j'étais égoïste.

J'évitais toute discussion et écoutais d'une oreille lorsqu'il me racontait quelque chose. Ma tête était ailleurs.

Comment faisait-il pour me museler, moi ?

Moi qui jetais les ex parce qu'ils voulaient m'emmener faire du cheval alors que j'en ai peur ! Moi qui suis incapable de me plier aux conventions.

Je me suis imaginée le quitter et m'en aller, mais, lorsque je regardais sa fille et qu'elle me courait dans les bras à la sortie des classes, mon rêve s'envolait. Quelle sorte de mère serais-je si je les abandonne à la première difficulté ?

Je devais tenir...

Pour elle, pour mon fils à naître. Pour nous.

Je pensais que Marc passait par une mauvaise phase professionnelle.

Il était si parfait au début, demandait pardon, se remettait en question, était présent et attentionné.

C'était temporaire. Vu ses difficultés au travail, il était incapable pour l'instant de voir qu'il exagérait car il souffrait. Pas méchant donc, juste en souffrance.

Comme je me trompais.

Quand il refusait de se remettre en question et rejetait la faute sur moi à la moindre occasion, je faisais profil bas. Je voulais l'épauler comme l'aurait fait une bonne épouse.

Chapitre 4 :
La Cassure

Marc faisait beaucoup d'heures supplémentaires.
Un soir, il m'envoie un texto et me dit qu'il est en train de rentrer. Je prépare donc à dîner pour deux, dresse une jolie table, et patiente.

Sans avoir prévenu, il arrive à la maison à une heure du matin en claquant la porte d'entrée. Il a le regard noir.

Il scrute le repas d'un air dégoûté et va directement se coucher. Je bouillonne intérieurement. Je lui dis qu'il aurait pu prévenir car je l'ai attendu.

Marc entre alors dans une rage folle et s'attaque aux objets. Il semble ne pas savoir où taper.
Il me dit qu'il n'a pas à prévenir s'il rentre ou pas et qu'il est hors de question de souffrir à nouveau ainsi.
Le lendemain, il rentre très tôt et soulève le couvercle de la casserole.

Vide...

Je n'ai pas fait à manger et contre toute attente cela le met hors de lui, plus encore que la veille. Il hurle et gesticule dans tous les sens.
Je suis si effrayée que je ne sais pas comment réagir. Je remonte mes jambes contre moi et l'observe, hébétée.
Il a parlé pendant des heures. Selon lui, cela faisait des mois qu'il ne voulait plus manger mes repas parce que je ne savais pas laver les couverts. Il se forçait.
Son regard et son attitude de la veille me reviennent en pleine tête. Je comprends mieux son regard dégoûté.

Je deviens une boule pétrie de culpabilité.

Tout ce temps, je l'avais trouvé injuste, sans voir que je le mettais mal à l'aise. Peut-être que j'abusais à attendre autant de lui, sachant qu'en plus, à cause de son ex, il avait une aversion pour les disputes.

J'aurai dû le comprendre, j'avais encore une fois gâché notre couple et notre harmonie.

Il semble si déçu. Je comprends qu'il s'aperçoit aujourd'hui que je ne suis pas celle qu'il pensait (si merveilleuse). Il m'avait tellement idéalisé. Ce temps semble révolu.

Depuis ce jour, je ne lui demande plus s'il rentre. Je fais le repas, qu'il le mange ou pas, pour qu'il sache que je le soutiens, en toutes circonstances.

Sept mois de grossesse.

À sept mois de grossesse, je me rends à un congrès sur le management pour quelques jours. Marc devait venir me chercher juste après.

Il ne répond pas au téléphone. Je l'attends avec toutes mes affaires. Je suis en négatif sur mon compte et je ne peux pas prendre de taxi. Ma carte ne passerait pas.

À minuit, il n'est toujours pas là et il n'y a plus de bus…Je reçois un message de Marc :

"Je me suis trompé, tu n'es pas la femme que j'espérais. Je dois réfléchir. J'ai déjà fait de mauvais choix avec ma première femme."

Il me dit qu'assumer sa fille, la grossesse et lui c'était sûrement trop pour moi, vu que je ne pense qu'à moi et que je suis égoïste.

Après ce message, je comprends qu'il ne viendra pas. Je rentre à pied à la maison, paniquée à l'idée qu'il soit parti.

J'arrive à deux heures du matin, il était tranquillement affalé dans le canapé en train de regarder une série sur Netflix. En me voyant il me dit : "Oh, t'es là."

J'ai accouché prématurément cette nuit-là.

Chapitre 5 :
La Période je m'en fous

Je me suis plongée dans un "je m'en foutisme" presque total. J'encaissais chacune des épreuves mais je ne les prenais plus à bras le corps, comme avant, pour les résoudre.

Les jours défilaient avec une carence en sommeil très importante parce que Marc avait décidé de m'empêcher de dormir toutes les nuits.

Quand ça lui prenait, il me faisait des monologues jusqu'à 5h du matin. Il m'expliquait en quoi je n'étais pas si bien que ça, pas si belle, pas si généreuse que ça, et encore moins aimante. L'inverse de ce qu'il avait cru avant.

Il m'avait idéalisé mais il s'était enfin réveillé.

Ma tête ressemblait à la face d'un chien battu, le visage très marqué. J'ai tenu le coup en réduisant le nombre de mes clients.

J'étais très occupée; je me barricadais pour ne plus me laisser atteindre. Je n'avais même plus la force de régler mes problèmes avec Marc et ils s'accumulaient. Je faisais l'autruche.

À chaque fois c'était le même scénario : je lui faisais part de ce qui n'allait pas, en prenant toutes les précautions pour ne jamais l'accuser, et je me reprenais tout en pleine tronche. Selon lui, je n'employais pas les bons mots. Si je lui disais " ce matin j'étais avec ta fille..." (je soulignais trop que c'était la sienne et non la mienne) , alors il me disait que si je n'aimais pas sa fille je n'avais qu'à le lui dire, et ce serait réglé.

J'avais lu plein de livres et tout tenté pour apprendre à communiquer comme il faut sans le heurter.

Tout s'était soldé par un échec. Soit il me qualifiait d'égoïste, soit il me disait incapable de vivre en communauté ou il me traitait de lâche et j'en passe.

Je finissais toujours fautive, rabaissée, humiliée et je ne savais jamais quoi faire.

Je décidais alors de ne pas broncher. Tel un moine tibétain, je ne cédais jamais à la colère.

Je ne lui demandais plus rien, ne lui reprochais plus quoi que ce soit et j'évitais les débats.

J'étais absorbée par le travail quotidien. Je m'assommais au boulot, je répondais à toutes les sollicitations de mes clients et de mes proches sans jamais requérir de l'aide. Mon entourage m'en demandait de plus en plus.

À moi-même, j'en demandais encore plus. Notamment pour ne jamais solliciter Marc, car je ne voulais pas qu'il s'en prenne à moi. Sinon, il pourrait en profiter pour me faire comprendre que j'avais besoin de lui et que je n'étais pas si forte que cela.

C'est comme s'il m'apprenait à ne compter que sur moi.

Je me mettais au défi de tout réaliser sans me plaindre. Je voulais avoir la paix.

Très vite, je me suis retrouvée épuisée, en vrac..

Je n'existais plus d'aucune manière.

Mais je continuais...
M'arrêter voudrait dire regarder ce qu'était devenue ma vie, affronter l'évidence.

Je refusais de voir la vérité et tous ces problèmes inutiles accumulés.
Je me jugeais beaucoup: à quel moment étais-je devenue cette femme là ?

J'étais réputée pour avoir un foutu caractère : celle qui ne se laissait pas faire.

Je me vois encore en jean déchiré, répondant à celui qui m'embête d'un air blasé : "qu'est ce que ça peut te faire" ?

Aujourd'hui j'ai l'impression qu'il ne reste rien de tout cela en moi, car j'ai modifié tous mes repères : je les ai faussés, embrumés, négociés.

Je me perdais dans mon identité.

Mon cerveau faisait le grand écart pour s'adapter à Marc pour lui laisser toujours plus de place, afin de réduire son stress. J'espérais qu'il finisse enfin par redevenir comme avant, qu'il redevienne réceptif à la discussion, ou faute de mieux, qu'il me laisse tranquille.

Je me disais : "Tu dois être une bonne mère et une bonne épouse. Faire tout ce qu'il faut pour le soutenir. Tu es assez forte pour ça."

Je me suis alors coupée de mes émotions et de mes ambitions pour tenir.

Mon esprit était anesthésié à force de ne pas être entendu ; ma réalité se distordait. Pourquoi ressentais-je autant de colère alors que Marc allait si mal ?

J'avançais comme une machine et cela m'aidait à garder l'esprit clair. Le travail était tout ce qui me permettait de tenir. Je m'y suis plongée corps et âme.

Le comble est que je suis coach de vie! J'accompagne des personnes qui souhaitent réussir à se dépasser dans tous les domaines de leur vie. Je les pousse à se connecter à leur pouvoir.

J'ignorais ma frustration et je me flagellais d'être si peu courageuse. Galvanisée par ma colère, je réalisais le travail de 5 femmes réunies.

Je travaillais partout, tout le temps. Par manque de temps (mes heures étant limitées), je mettais parfois mes clients en contact avec d'autres coachs de mon réseau.

J'ai reçu une injonction de payer de nombreuses factures qui n'étaient pas les miennes. Plus de huit mille euros!

Ça n'avait aucun sens...

J'ai contacté mon confrère concerné et il m'a répondu que j'étais responsable puisque le client avait fui à l'étranger. Quelqu'un devait "casquer".

Mes mains tremblaient en lisant les lettres de convocation. Je devais trouver un avocat avant de devenir folle.

Est-ce que je deviens folle ?

J'ai passé la journée clouée au lit mais à 14h quelqu'un a frappé à la porte. J'ai d'abord cru que c'était Marc qui avait oublié ses clés. Je vais ouvrir. Un huissier de justice m'a tendu un courrier et m'a demandé de signer. Il a fait la liste de tout ce qu'il pouvait prendre chez moi, pour honorer "la dette".

J'ai cru qu'il s'agissait du confrère qui avait trouvé mon adresse mais c'était encore une toute autre affaire : selon les documents qu'il me présentait, il y a deux ans, j'aurais contracté sur internet un crédit de plus de 20 milles euros auprès d'une société d'assurance. Mon co-emprunteur, Marc, étant insolvable, je suis condamnée à payer cette somme sous quinzaine, faute de quoi, le tribunal sera saisi.

Je n'arrive plus à respirer. L'huissier me regarde tomber. Le monde tourne et le sol s'ouvre sous mes pieds.

Chapitre 6 :
Breakdown

Chez ma sœur depuis 3 semaines, tout me paraissait une montagne et mes perceptions étaient déréglées. Je recevais des lettres administratives classiques que je ne parvenais même pas à ouvrir.

Que s'était-il passé ? Comment était-ce possible ?

Marc m'a expliqué avoir contracté ce crédit pour emménager dans une maison plus grande et me faire une surprise : me récompenser d'avoir vécu tout ce temps avec un mari absent.

Il était donc conscient de ce qui se passait et pour m'éviter de stresser, il a voulu tout gérer. Les problèmes au travail s'étaient malheureusement aggravés au même moment.

Il avait doublement merdé et n'avait pas eu le courage de me le dire.

Mon couple avait pris l'eau et mon travail, ma vocation ; la seule chose qui me maintenait la tête hors de l'eau, risquait à présent de s'effondrer elle aussi.

Tout s'est enchaîné avec des impayés et des procès qui n'avaient aucun sens.

Ces problèmes qui me tombaient dessus étaient des cacas qui ne m'appartenaient pas. Ils sentaient l'injustice.

J'avais peur de tout alors que j'étais réputée pour ne pas avoir froid aux yeux. Le moindre accroc provoquait chez moi une crise d'angoisse.
Je savais concrètement ce que je devais faire pour m'en sortir mais l'accomplir était compliqué.

Mon corps a lâché. J'ai fait des tests médicaux et il y avait tellement de chiffres sur les résultats que j'arrivais à peine à les lire. Mon fils était souffrant également, comme à chaque fois que je suis malade.

Il avait des aphtes géants, et ne pouvait rien manger sans hurler de douleur.

Marc me contacte et m'explique que l'on n'est pas tombé malade au bon moment.

Il m'envoie une photo de lui, avec des amis, autour d'une table garnie. Son «je m'en foutisme" est une claque. Il ne culpabilise pas et continue de dépenser, malgré la dette qui nous attend, alors que moi j'en suis malade.

Cette dette me hurle : réveille toi ! Cela me sort de ma léthargie. Il profite de la vie. Pourquoi serait-ce à moi de tout subir ?

La nature m'appelle, j'ai besoin de me ressourcer.

J'organise alors une rencontre en famille, dans le sud.

Le paradis ?

Mon fils court partout et revit. Le soleil brille. Même si c'est temporaire, la vie saine nous transporte. On prend le temps, on vit, on mange et je me projette à nouveau.

Je me lève chaque matin à 5h. Je remets une de mes sociétés sur pied. Je pense : pérennité, développement et j'investi. Je parle beaucoup avec ma sœur qui a réussi à développer son entreprise à vitesse grand V.

Je visualise régulièrement une maison sans vis-à-vis, avec une grande baie vitrée sur un jardin, le wifi, une cheminée et une piscine pour mon fils, l'été. Je me projette : les oiseaux, le vent, les arbres, et le calme. Je sens déjà le soleil qui chauffe ma peau et le vent qui caresse ma joue, l'air de dire : tout ira bien, tu vas y arriver.

Je couche en images mes rêves sur une feuille, et m'en imprègne quand je travaille.

Le matin, la tétanie me nouait parfois la gorge, engourdissant mes jambes. Je me disais alors : Qui veux-tu devenir ? Et je me levais d'un bond, prête à bouffer le monde.

Marc était loin, inexistant. Pas une fois il ne m'a demandé de mes nouvelles, et c'était très bien comme cela.

Chapitre 7 :
Vrai visage

Tout va bien aller, tu es bien chez toi, tu l'as toujours été n'est ce pas ?

Je me rassurais en rentrant chez moi.

J'avais trouvé cette maison en location, un vrai coup de cœur. Rien n'avait jamais réussi à entacher le bien-être que l'on pouvait y ressentir...Jusqu'à l'arrivée de Marc...

Le parquet en chêne réconforte, le cachet est là, l'air circule et le calme règne. Oui, tout ira bien. Il y a même de quoi prendre l'air ! La vie aussi tu l'aimes !

L'époque où on pouvait me rendre visite me manque.

Marc me reproche tellement de ne pas leur offrir plus de place, de chambres à notre fils et à sa fille que je n'ose plus recevoir personne.

Il me reproche ce qu'il a lui-même provoqué.

Pourtant, vu son dossier, aucun propriétaire ne l'acceptera, même en tant que locataire.

Je monte les marches du perron...Je porte la valise et mon fils en même temps. J'appréhende de me trouver là, je ne l'ai pas prévenu de mon retour.

Notre salon est en pagaille. Il y a des documents partout et l'imprimante est encore allumée.

Je ramasse les feuilles et sur l'une de ses fiches de salaire du mois passé je lis : 6400 € net. J'hallucine!

Je dépose mon fils sur le canapé et récupère d'autres pages. Je reconstitue le puzzle. Ces six derniers mois, ses salaires étaient donc aussi élevés ! Il m'a pourtant fait croire qu'il avait perdu tous les clients de son patron et qu'il n'avait plus de prime.

- J'entends de loin : Chérie ?

Il y a du bruit à l'extérieur, et je cours à l'entrée pour fermer la porte. Je ne veux pas qu'il sache ce que j'ai découvert.
J'arrive sur le perron.
Mon coeur bat tellement vite.

- Chérie, ça va ?

Tout à coup, une douleur me foudroie l'abdomen. Comme si on enfonçait une lame chauffée à vif dans mon diaphragme. J'hyperventile.

Je tombe, la valise dévale les marches du perron, et je ne m'en préoccupe pas.

Mon corps lâche tout à coup.

Marc apparaît en costume sur-mesure, chemise blanche au col relevé et des souliers vernis.
Comment est-ce qu'on en est arrivé là ?
Je peine à le supplier de ne pas appeler les urgences

Il me porte jusqu'au lit. Je sens son mépris. Je me dégoûte de son parfum.
Je passe la semaine pliée en deux et je refuse de me rendre à l'hôpital. Je ne veux pas être séparée de mon fils, sans compter que je suis la seule à m'en occuper. Marc pense que je n'ai pas vu ses documents. Il se ne sent pas fautif donc il ne cherche pas à me reconquérir. il est comme à son habitude: Indifférent, absent, méchant.

Je décide de me faire ausculter et repars chez ma sœur.

Je pensais y faire un rapide passage, le temps des examens médicaux.

Tout compte fait, j'y reste plusieurs mois en continuant de payer les charges de ma maison.

La première question que ma sœur m'a posée c'est : pourquoi tu ne l'as pas largué en découvrant qui il est ?

Elle a enchaîné :

- Il te ment depuis le début, ma chérie. C'est un manipulateur. Un pervers toxique, omnibulé par lui-même.

PN (Pervers Narcissique) ! Lassée de cette mode sur internet, je refuse de l'écouter. Pourtant, je me le demande moi aussi. Pourquoi avec tout ça, je ne l'ai pas largué ?

Purement et simplement.

Souvent, je repense à nos débuts. À tous nos projets. Pourquoi ment-il constamment ?

- Peut-être qu'il a peur...lui répondais-je. Il n'est pas si méchant. Juste effrayé par ...

- Il ne changera pas, me coupe-t-elle. Plus tu acceptes les choses, plus il t'en fera. Regarde Tata Gertrude, elle a eu peur de quitter René pendant des années. Aujourd'hui elle revit. Je devrais peut-être la faire venir.
- Pour vous regarder décortiquer ma vie ? Surtout pas !
- Est ce qu'une seule fois tu as eu l'intention de le quitter, même une seule ?
- En venant ici, répondis-je du tac au tac.
- Tu en es sûre ?

Je me remémore que, quand j'ai couru à l'entrée pour le quitter, après avoir découvert son dernier mensonge, j'ai été prise de panique rien qu'à l'idée de le confronter...

- Pourquoi ? répondis-je

Ses questions m'agacent. J'ai envie de me renfermer, mais je m'entends lui dire : C'est comme si mon système de pensée était déréglé. Je n'arrive pas à lui en vouloir de m'avoir menti. J'ai plutôt peur qu'il découvre ce que je sais pour ses mensonges.

Peur de perdre ma famille. Peur de faire les mauvais choix. Peur de quitter sa fille...

- Il t'a déjà frappé ?
- Non !
- Tu me le jures ?
- Oui, promis, dis-je, outrée.
- C'est bien, tu as pu t'en protéger.
- Qu'est ce que tu veux dire par là ?

Au même moment, on frappe à la porte. Tata Gertrude entre dans la pièce et, avec elle, un entêtant parfum fruité.

Chapitre 8 :
Révélation.

Hostile.

On déjeune, l'air de rien. Ma soeur a mis les petits plats dans les grands. Elle avait tout prévu.

Je me sens prise au piège, comme un chat sauvage qui guette l'occasion de s'enfuir. Je les aveugle avec des faux sourires, très brefs. Je mange à peine, le nez dans mon assiette.

— Ta sœur m'a dit que tu as des problèmes de couple.

Et vlan ! Tant qu'à faire, autant y aller directement.

— Je sais déjà qu'il est pervers narcissique, dis-je très calmement.

— Ah oui ? Mais hier tu ne m'as pas dit ça ! s'écrie ma sœur.

Elle m'observe, les yeux écarquillés et s'apprête à rouvrir la bouche, lorsque ma tante lève la main à son intention. Je jubile.

— C'est quoi, un pervers narcissique ? ajoute ma tante.

— Tu sais très bien, tantine, tu es restée mariée 25 ans avec ce type de personne.

— Éclaire ma lanterne. Es-tu sûre que Marc, l'est ? Sinon, je parlerai pour rien.

J'apprécie qu'elle admette pouvoir se tromper.

— Il a tout d'un...manipulateur, lui répondis-je. Il m'empêche de lui en vouloir et me manipule constamment.

Elle semble réfléchir et s'essuie la bouche avec un torchon.

— Est ce que tu sais comment il fait ? demande t-elle

- Si par exemple je lui dis que je sais qu'il ment, il trouvera un moyen de se justifier. Il me dira que certes il a menti, mais que c'était pour me protéger. À chaque fois que je le mets au pied du mur, il m'accuse de choses et d'autres, par rapport aux enfants, pour me détourner du sujet initial.

— Mais pourquoi tu ne lui dis pas que tu as compris son jeu de diversion ? dit ma sœur.

— Parce que parler avec lui est une impasse, dit tante Gertrude. Il lui dira qu'elle est parano de penser comme cela.

Nous nous regardons toutes les deux, l'air entendu.

— Il fait exprès ? ajoute ma sœur.

— Oui ! Pour que je perde mon sang-froid, voire que je tourne en hystérie.

Tatie hoche la tête. Ma colère contre ma sœur à cause de son incompréhension est retombée. Elle ne comprend rien, mais ma tante...

Ma soeur renchérit :

— Mais si tu sais qu'il est PN et que parler avec lui est une impasse, pourquoi tu restes ?

Je détourne le regard, cette question n'a pas de réponse. Je ne sais pas pourquoi je reste.

— Parce qu'elle s'accroche à son rêve d'avoir une famille. Ma tante me regarde dans les yeux et poursuit :

- Si tu partais, ce serait échouer et t'avouer avoir échoué. Peut-être même que tu hésites à quitter ta petite maison, car tu sais que même si tu divorçais, il n'accepterait pas de rompre aussi facilement. Pour toi, ce sera comme si tu n'avais pas su tenir ton couple et l'harmonie familiale. Pourtant, si tu pars sans être prête, il te rattrapera en jouant avec tes émotions. Combien de fois es-tu venue chez ta sœur sans parvenir à le quitter pour de bon ?

J'ai envie qu'elle la ferme autant que j'ai envie qu'elle continue de m'expliquer. Je regarde par la fenêtre, elle suit mon regard :

— Tu as eu envie de partir des centaines de fois, mais tu es restée, continua-t-elle. Quel genre de mère serais-tu si tu partais ? Qui voudrait d'une femme comme toi ? Ce sont ces croyances qui te font rester, il est temps de changer de stratégie ! Pour te protéger, il faut que tu deviennes comme lui.

— Je ne peux pas faire ça, rétorquais-je, ce n'est pas dans mes valeurs.

— Pourtant, c'est ce qu'il te fait, non ? Il te ment, il te vole et t'arnaque !, dit ma sœur.

— Tu ne dois pas le manipuler pour être méchante comme lui, mais pour te protéger. L'observer pour rompre son charme. Si tu fais comme je te le conseille, tu pourras le virer sans regret en te choisissant toi et en mettant ton fils en sécurité.

— Mais… il ira où ? et sa fille ? dis-je

— Tu crois qu'il se soucie de toi, lui ? Je ne l'ai pas vu t'appeler une seule fois, ou te demander comment tu vas ! dit ma soeur.

— Fais-moi plaisir, je ne te demande pas de l'abandonner, mais de te sauver d'abord ! Tu vis un enfer ! Si tu y retournes, ce doit être dans l'objectif de l'observer et de l'écouter : pour enfin ouvrir les yeux, t'en dégouter et t'en aller, ma nièce chérie.

Chapitre 9:
Un pas après l'autre
Je suis restée quatre mois chez ma sœur à extérioriser tout ce que j'avais emmagasiné toutes ces années. Je découvre les crises d'angoisses; la paranoïa, la peur (la vraie), celle qui paralyse et tétanise.

La peur de partir, la peur de rester.

Les cauchemars sont vrais. La réalité est déformée.

Où est passé mon oxygène ? Je tenais bien pourtant !
Je m'autorise à me foutre la paix et à me lever à 8h, au lieu de 5h. Je passe beaucoup de temps à regarder des vidéos sur la psychologie et à échanger avec mes ami(e)s. Mais surtout, je profite de mon fils : balade en forêt, vélo, parc, et puzzles, entre autres.
Maintenant que j'ai un plan clair, les rapports avec ma sœur se sont apaisés.

Je me réfugie chez elle et me rebooste la tête avec tout ce qui fonctionne dans ma vie. Je "tire la chasse" sur le reste.

Si je réfléchis ne serait-ce qu'une fois à Marc, ou si j'ose penser à l'achat de la maison, mon diaphragme se crispe et je peine à respirer pendant des minutes qui me semblent interminables.

Je remarque que dès que je me sens en sécurité quelque part, tout le passé intériorisé ressurgit.

Mon cerveau semble envoyer des signaux de mort imminente, comme quand on se retrouve face à un danger extrême et que l'on est tétanisé, effrayé.

La nuit, je quitte la pièce en panique en prenant soin de vite fermer la porte derrière moi, comme si j'étais poursuivie. À midi,

41

ma gorge se noue et si j'attends trop avant de manger, je ne peux tout simplement plus rien avaler. Ma tête se paralyse quand je dois prendre la moindre décision sur mon avenir.

Alors, en affrontant chacune des peurs que je rencontre, en commençant par celle d'ouvrir mon courrier, je refais le même chemin que les personnes que j'ai aidées.

Chapitre 10 : Reconstruction

Je reviens chez moi la boule au ventre. Je n'ai pas envie de rentrer.

Je passe la porte avec l'envie de vomir et le ventre noué. Je vais mal, je le sais, mais je ne comprends pas pourquoi c'est si fort, si vif, si insupportable.

J'étais sensée avoir compris qui il est, alors pourquoi ne suis-je pas indifférente ? D'habitude, j'arrive à me déconnecter de mes émotions pour tenir le coup. Là, je n'y arrive plus.

Au bout de quelques jours, mon fils a déjà une tête qui fait peur, des valises sous les yeux et le regard parfois hagard.

Marc n'est pas celui qu'il dit être, pour une raison qui m'échappe totalement.

Il m'a dit être fauché, au point d'avoir dépensé les vingt mille euros de crédit. Puis, je découvre qu'il n'a jamais aussi bien gagné sa vie.

Ses fiches de salaire prouvent qu'il n'a jamais été mal au boulot. Il a menti délibérément, mais pourquoi ? Pourquoi toutes ces crises ? Pourquoi toute cette pression, alors qu'au final tout allait bien à son boulot ?

J'observe son toupet.

Je me rappelais quand il mentait et re-mentait, en me regardant droit dans les yeux, et j'avais la rage.

Autant vous dire qu'en me rendant compte de tout cela, même si on a un enfant de 4 ans qui fait qu'il est encore plus difficile de partir, je comprends que cet énorme caca dur deviendra prochainement un caca mou.

Il m'a collé des responsabilités qui ne sont pas les miennes. Je m'occupais de nos enfants sans aucune aide de sa part.

Il me disait qu'il faisait des heures supplémentaires car il n'avait plus de prime, et il n'était visiblement pas au travail, et il ne les faisait pas ces heures supplémentaires.

Jusqu'où va le mensonge ?

Ma tante avait raison. Marc me chie à la gueule et je me suis perdue dans ses mensonges. Il s'est étalé partout, sur toutes les parties de ma vie. Le plus terrible, c'est que quelqu'un comme lui arrive à faire perdre confiance en tout, surtout en l'humanité.

Tout ce qu'il touche se transforme en caca. Il trahit. Le pire, c'est qu'il en jubile et qu'il ronfle la nuit comme un sanglier.

Je ne savais pas, avant lui, que quelqu'un pouvait dormir si paisiblement en mentant comme il le fait.

Nous, en tant qu' empathes, ressentons de la culpabilité.

Il se positionne en victime pour que vous ralliez sa cause et que vous ne le trahissiez jamais. Lui, en revanche, il vous crache à la figure au quotidien. Si vous avez le malheur de bouger une oreille sans lui dire, il vous empêchera de dormir, avec un monologue interminable, vous expliquant pourquoi vous êtes dégoûtant !

À mon retour, je me suis tue. Cette fois, pour l'écouter parler et j'ai découvert avec horreur qu'il faisait consciemment vivre aux autres tout ce qu'il m'avait fait; y compris à son ex.

Il me peignait un tableau sombre de lui-même et me disait que le monde entier était contre lui. Tout le monde, sans exception. Il traitait les autres d'enfoirés, se vantait de les arnaquer, car ce sont des "bites molles". Il déversait sa haine sur l'humanité.

Aveuglée par sa victimisation, je pensais auparavant que ces personnes méritaient peut-être son mécontentement, jusqu'à ce que je me rende compte que j'étais la première à en faire les frais.

Vous pouvez culpabiliser de tout ce dont il vous accuse ou insinue. Vous pouvez à ce moment-là, face à sa détresse apparente, vous dire que vous pouvez le sauver, ou que vous êtes la cause de son malheur. Il n'hésitera pas à vous faire savoir que, s'il va mal, c'est de votre faute.

Un jour, il m'a dit qu'il avait tout abandonné pour moi. J'ai beau chercher ce qu'il aurait pu abandonner, mais je ne l'ai jamais trouvé.

J'ai été obligée de me rendre à l'évidence : ma vie rêvée, si ambitieuse par le passé, était devenue un fiasco et je devais y trouver une solution.

Chapitre 11 :
La méthode
Description de la Théorie du Caca & terminologie

INTRODUCTION DE LA THÉORIE

Lorsque j'ai écopé de la dette de Marc, j'ai ressenti qu'il s'agissait d'un caca dur. J'ai vu ma vie s'écrouler, s'émietter; ma carrière voler en éclats. J'avais envie de me rouler en boule et de faire l'autruche. Mais c'était impossible, car le caca était là et il avait du mal à passer.

"Proverbe hindi : On n'est jamais aussi fort que lorsque l'on est à terre en mille morceaux".

Soit je laissais le caca de Marc m'enculer jusqu'à me taper des hémorroïdes, soit je me forçais à le sortir pour "tirer la chasse" sur cet événement, une bonne fois pour toute.

La souffrance était telle que mon corps avait éclaté. Ma seule option était de me détacher de mes émotions, de couper cette culpabilité et de le foutre à la porte.

Cette théorie du caca est née de l'envie de me désensibiliser profondément de la manipulation et de retrouver la capacité de l'action.

Quand on subit de la violence psychologique, plus rien n'a de sens et aucune issue ne pointe le bout de son nez. Il est impossible de faire un choix sans être tétanisé de peur.

Il faut trouver la force d'arrêter de réfléchir pour rationaliser. Lorsque le désespoir se pointe, l'humour aide.

Il faut nous demander si marcher dans ce caca en vaut la peine. Si la réponse est non, "tirer la chasse" sur ce qui ne nous concerne pas est notre meilleure option. Caca mou = déculpabilisation.

Exemples :

Dénigrement et accusation injustifiés : on n'y réfléchit surtout pas et on s'habitue à "tirer la chasse".

Ce moment où il est pris sur le fait et utilise ses manœuvres habituelles : il retourne la faute sur vous en vous accusant d'avoir fait pareil il y a plusieurs mois, de détruire la famille ou d'avoir de mauvaises intentions. Il se victimise, change de sujet pour vous troubler et ne pas assumer ses torts : "tirez la chasse" dessus. Ne vous rabaissez pas dans ses bassesses, laissez-le dans son caniveau.

Si malgré cette analyse le caca a du mal à passer, alors c'est qu'il y a danger. Il faut passer à l'action sans plus tarder pour faire passer ce caca dur qui vous angoisse.

Quand on a mal au ventre, la souffrance nous pousse à agir (se renseigner, demander de l'aide et des infos, se protéger, prendre rdv avec un avocat spécialisé ou avec des associations).

Dans mon cas, concernant la dette de 20 milles euros, j'ai pu faire appel à des avocats pour protéger mes intérêts et connaître toutes les possibilités.

Il faut rationaliser le problème, prendre du recul sur le caca, qui, sinon, vous enculera. C'est un choix radical, binaire, il n'y a pas d'entre deux, le caca qui sent bon n'existe pas. Pas plus que les licornes ne pètent des paillettes.

La dédramatisation de tout ce qui nous arrive nous rend puissant, intouchable. C'est aussi simple que de «tirer la chasse», quand il essaie de nous embrouiller pour rien.

La théorie permet de se choisir en priorité, sans même avoir à forcer.

Le levier principal c'est la souffrance. Au bout d'un moment, on en a marre de souffrir. Après des années de souffrance, on comprend que tout découle de l'estime qu'on se porte à soi-même.

À toujours se sacrifier, on finit par en crever. Les autres nous traiteront toujours comme on se traite nous-même. Si l'on se fait passer après, les autres nous feront passer après également. J'ai dû apprendre à m'aimer, à penser à moi.

Redéfinir un soi, quand on ne s'est jamais écouté, c'est un énorme chantier. Surtout que, bien évidemment, tout le monde est habitué à tout recevoir de nous. Couper le fil de l'abondance soulève des tensions. Tout le monde s'en mêle, interfère, donne son avis et prend le temps de nous piétiner, car nous nous sommes toujours piétinés nous-mêmes.

Pour la plupart, on vous a conditionné à ce mode de fonctionnement, depuis petite. Une amie m'a dit que sa mère lui a appris qu'il fallait se taire face à son mari, qu'il soit violent ou pas. Il ne faut surtout pas faire trop de bruit au risque de le perdre.

Pour les femmes, à cette époque, le mari était assimilé à la sécurité matérielle. On a toujours inculqué aux petites filles qu'elles devaient être sages, que la colère était malsaine.

Un homme en colère est impulsif, une femme en colère est hystérique.

Depuis ces années-là, de récentes recherches scientifiques ont montré que l'emprise est due à une réaction chimique. Notre éducation nous a apporté nos valeurs. Lorsque nous sommes poussés à bout, nos émotions entrent en conflit avec celles-ci. Même quand nous recevons des petites phrases assassines, dénuées de sens ou à double sens, régulièrement, cela crée de petits chocs répétés qui envoient des signaux contradictoires à notre centre de décision.

À force, cela épuise et rapetisse ce qu'on appelle l'Amygdale, un petit organe situé dans le cerveau. La fonction essentielle de l'amygdale est de décoder les stimulis qui pourraient être menaçants pour l'organisme. Ces chocs répétés avec impossibilité de se défendre, atrophient l'amygdale et nous rendent moins sensibles aux signaux de danger.

Notre passé, nos expériences et ce que nous fait vivre le PN, nous prédisposent à rester sous emprise. Plus les traumatismes d'enfance ont été répétés, plus on reste longtemps.

Par où commencer quand on est dans ce type de caca et que l'on est sujet à la manipulation ? Il s'agit d'ignorer ce qui ne contribue pas à notre bonne santé mentale et à notre élévation. Il ne s'agit pas de se voiler la face avec l'état d'esprit de se dire : même pas mal ! C'est pour cela que je me répète en boucle qu'il n'y a que nos propres pensées qui nous font souffrir.

Définir ce que l'on veut dans sa propre vie permet de se créer un avenir plus radieux que de tout subir sans broncher. Apprendre à m'écouter a été très difficile, vu que je n'avais ni l'habitude, ni spécialement envie de me faire passer en priorité. Oui, la vie pouvait être plus douce mais j'avais bien trop l'habitude de ronger mon frein. Faire le tri des cacas me rappelle ma valeur et me porte.

Avant, je me disais : quel que soit le problème, je dois être là pour ma famille. Maintenant, je me demande si le caca dans lequel je marche m'appartient. Si la réponse est non, je refuse de me salir davantage. Je ne supporte plus de subir, je reprends donc le lead.

Il s'agit de comprendre, analyser, décider, "tirer la chasse", se détacher et agir.

Quand on les affronte en classifiant à leur juste valeur les choses, c'est toute une vision de la vie et de ses problèmes qui se transforment.

Il ne s'agit pas de se dire que l'on s'en fout. Ce serait superficiel et cela mènerait à une rupture de soi, un déni d'autruche.

Mon esprit savait que je vivais une vie qui ne me convenait pas, mais juste m'en foutre rationnellement n'a fonctionné qu'un moment. Mon émotion s'était provisoirement tue et ce que l'on n'exprime pas, s'imprime en nous.

Le «je m'en foutisme» nous fait macérer dans le caca en étant persuadés de sentir la rose.

La théorie du caca "tire la chasse" sur ce qui ne doit plus faire partie de notre vie.

Etape 1 - L'humour et la fuite comme moyens de défense

Marc aimait les monologues interminables. Il me harcelait de jour comme de nuit. J'en avais des amnésies. La journée, le moindre de ses messages déclenchait une crise d'angoisse, car si je ne répondais pas ce qu'il fallait (d'ailleurs quelque soit ce que je répondais), il rentrerait le regard noir à 2h du matin et m'empêcherait de dormir jusqu'au lever du jour.

Avec le manque de sommeil et les critiques incessantes, j'avais la sensation de perdre la tête. Je n'avais plus aucune concentration. Depuis que j'ai compris qu'il s'agissait de manipulation, plutôt que de lutter, j'ai décidé de l'accepter avec autodérision et humour.

À chaque fois qu'il insinue que je suis une mère indigne qui travaille trop, qui ne pense qu'à sa carrière et s'en fout de son fils, je m'empresse de lui couper l'herbe sous le pied en lui répondant : "#mauvaisemere" et il ne sait plus quoi répondre...

Un jour, après avoir rangé les courses , je me suis assise tranquillement dans le canapé. Il rentra et hurla que le PQ n'avait rien à faire dans le frigo. Apparemment, j'aurai rangé un rouleau de papier toilette dans le réfrigérateur sans m'en rendre compte. Avant, j'aurai été pétrie de honte et troublée d'être si tête en l'air.

Mais cette fois, je lui ai répondu : "oui, ta femme est hors-norme ! Ne te plains pas, au moins tu auras le cul frais."

L'humour me sauve la vie.

Il ne peut plus m'atteindre. Il essaie, mais je le devance presque toujours.

Faire de l'humour, c'est désamorcer sa méchanceté et dire ce que l'on pense, sans qu'il puisse nous agresser en retour. Lui dire "tu es méchant" serait vain, il le sait. Au mieux, il niera, au pire il dira que vous êtes susceptible à outrance.

En procédant de la sorte, vous vous protégez, et il pourrait même rire avec vous.

Avant cette méthode, j'étouffais de ne pas m'exprimer et je frôlais la crise d'hystérie.

Il ne s'agit pas de le provoquer, mais de désamorcer et de se soulager.

Un jour il m'a dit "je ne comprends pas pourquoi ma soeur a toujours besoin de mentir". Et là, du tac au tac je lui dit, "c'est vrai que le mensonge tu détestes ça ! Tu ne pourrais pas mentir, pas toi !"

La puissance de l'autodérision.

Une autre fois, il scrute la pièce à la recherche d'un reproche à me faire, je lui réponds : "oui, je suis très sale, je ne sais pas faire le ménage". Une fois désarmé, je rajoute:

"tu avais quelque chose à me dire ? "

Ma deuxième technique : la fuite ! Je change de sujet dès que nécessaire :

Quand il m'attaque, je propose vite de faire une activité ensemble pour désamorcer l'embrouille qu'il cherche à générer :

"Ça fait des lustres que l'on a pas trié les affaires / fait à manger / regardé un film ensemble, allez s'il te plait ?". En d'autres termes : "fous moi la paix avec tes questions pièges ou tes monologues, au moins si on fait une activité tu fermeras ta bouche".

Tout est une question de présentation.

Si vous ne faites pas cela, vous allez vous frustrer et finir par exploser. C'est ce qu'il veut. Alors, STOP ! Riez, reprenez le lead et ne vous laissez pas emmerder. N'entrez pas dans son jeu mesquin.

Etape 2 - Comprendre
La Phase d'observation

Comprenez que vous n'êtes pas folle, il vous manipule bel et bien !

L'emprise consiste à rejeter constamment la faute sur vous.

Il essaie de vous rendre folle. Quand vous réussissez à vous détacher émotionnellement de ses propos, prêtez l'oreille.

Écoutez comment le manipulateur parle des autres, et de lui-même. Toujours supérieur, au-dessus des autres. Plus généreux, plus altruiste que tout le monde.

Notez comme il insulte et méprise ceux qui ont le malheur de réussir mieux que lui. Écoutez aussi comment il parle des personnes qui l'ont aidé. Remarquez la jalousie et la haine qui lui dégouline du menton quand il crache son venin.

Cela vous confirmera qu'il fait à tout le monde ce qu'il vous fait à vous.

Il ne mérite pas votre transparence, votre honnêteté. Il ne mérite rien. Encore moins votre bonté, ou votre gentillesse.

Même si vous donnez votre gentillesse pour éviter les conflits, l'important est déjà de savoir qu'il ne le mérite pas.

Et si vous vous dites ici que c'est plus facile à dire qu'à faire, décidez.

Depuis combien de temps est-ce que vous subissez tout cela ? Combien de fois il vous a dit qu'il allait changer, se faire aider, et qu'il ne l'a pas fait ?

Depuis combien de temps vous êtes solo en couple, à assumer tout pour deux, alors que lui il fait ce qu'il veut.

Pour faire passer ce caca dur, il est temps que vous vous autorisiez tout ce que vous vous étiez interdit jusqu'à maintenant !

Mes amies vivaient avec des hommes toxiques et s'éteignaient de jour en jour.

Les narcissiques les intoxiquaient au quotidien, manipulaient leur ressenti, leur intuition, et les mettaient dans un brouillard.

Mais, à y regarder de plus près, les menaces de leur pervers étaient si invisibles qu'elles passaient pour des paranos. Elles étaient paniquées à l'idée que le pire se produise et que ces manipulateurs s'en prennent à elles.

Elles avaient peur qu'il se mette en colère, qu'il s'enfuit en prenant les enfants, peur qu'il reste et peur qu'il parte. Elles marchaient tellement sur des œufs, en permanence, que le moindre événement devenait une menace ressentie comme potentiellement mortelle.

Pourtant à bien observer, ces personnes hautement toxiques pour elles, semblaient toutes issues du même moule. Elles employaient les mêmes techniques: du forcing à la persuasion.

Si on sait qu'il se mettra en colère, on saura l'anticiper. C'est ce que nous allons découvrir dans les étapes suivantes.

Menteurs et manipulateurs synchronisés.

À quelques jours, voire heures prés, les mêmes scénarios se produisaient dans ma vie comme dans celles de mes amies. Elles vivaient toutes les mêmes situations, les mêmes crises, les mêmes terreurs.

Ces hommes ne les méritaient pas, et elles le savaient sans pour autant réussir à les quitter. Elles perdaient un temps fou avec eux et, par effet miroir, j'ai compris que j'étais moi aussi en train de gâcher ma vie.

Visiblement la lumière attire l'ombre. Une fois ensemble, l'ombre lache des merdes "pas possibles" que la lumière prend à sa charge, car elle souhaite aider. Comme des mouches à merde qui s'y collent, les problèmes continuent de s'amplifier à leur contact.

Mais, en observant mes amies, et moi-même, j'ai remarqué que nous aussi on rejoue le même scénario. Nous n'avons pas été ciblées par hasard : nous sommes empathes.

Nous avons un élan "sauveur" pour la veuve et l'orphelin. On porterait la misère du monde sur nos épaules si cela pouvait aider quelqu'un. Même un inconnu.

Le manipulateur détourne notre empathie grâce à l'amour qu'on lui porte. On a une tendance naturelle à tenter de résoudre ses problèmes, à compenser son absence et à gérer son stress auprès des enfants. Et quand il nous reproche tout ce qu'il fait, pour nous culpabiliser, on se tait pour lui laisser le temps de faire face au stress qui le rend illogique, sans nous apercevoir qu'il le fait exprès pour nous rendre folles.

Bref on récupère et on gère des cacas qui ne sont pas à nous.

On souffre du syndrome de l'infirmière ou du super héros. Le manipulateur se sert de notre gentillesse comme d'une faiblesse.

Il y a une prédisposition évidente, une habitude de s'écraser pour l'autre en pensant l'aider, mais on se fait bouffer.

Habituellement, l'empathie et la sensibilité sont un avantage auprès d'un entourage sain. Mais pas auprès du "toxique" qui s'en sert pour vous manipuler, et vous garder près de lui quelles que soient les crasses qu'il fait. Certains ne se gênent pas pour taper leur femme, enceinte de leur enfant.

Leur but est uniquement de nous détruire

Étape 3 - Se Rationaliser

Ce que je ne vous ai pas dit jusque là, par pudeur, c'est que je n'ai pas encore quitté Marc.

Je suis revenue avec lui pour préparer mon évasion, mais aussi pour apprendre à qui j'ai affaire. Ceci afin de m'en sortir indemne et protéger mon enfant. J'ai peur que partir ainsi, précipitamment, me "fasse passer" pour instable.

Je me désensibilise de lui. Cela prend du temps.

Maintenant que j'ai décidé de partir, je vis très mal sa gentillesse, car je la sens calculée pour me garder sous emprise.

A chaque fois qu'il est attentionné, j'ai l'impression de voir mon plan reculer : cela devient une torture mentale au lieu d'être un apaisement. À contrario, son mépris et son dénigrement me déterminent à partir.

Pourtant, quand il fait le mec parfait, j'arrive encore à me dire que je fais peut-être une sacrée connerie de me séparer de lui et de sa fille. Putain d'espoir, putain de lui, putain de rêve de famille unie à la con.

Je me rassure en me disant qu'il ne tiendra pas "à faire le gentil" trop longtemps et que je me sentirai à nouveau alignée avec le fait de ne plus vouloir de cette toxicité et de ces ascenseurs émotionnels constants.

Mais même en me disant ça, je panique constamment à l'idée qu'il ait pu deviner mon plan d'évasion. Il sent que j'ai changé, que je ne réagis plus comme avant à ses attaques.

J'ai eu la chance d'avoir toujours gardé mon calme quand il m'attaque. Si j'avais cédé à la colère, "ma transformation en femme soumise qui fait profil bas le temps de s'enfuir" aurait été compromise. Même en faisant semblant, il sent que les choses ont changé. Mon humour et mon côté fuyant lors des débats lui montrent qu'il a moins d'emprise.

La plupart du temps, je panique.

Il passe son temps à me dire que je vis avec une épave, un bon à rien, une sous-merde. En général, pour faire face à ses techniques de victimisation, j'utilise l'humour et la fuite. Mais parfois, cela me plonge dans un tel état d'angoisse, que je dois appeler des amis qui m'aident à me rationaliser, pour sortir de mes crises et appliquer ma propre théorie.

Faire fonctionner la partie rationnelle nous aide à juger si l'on doit paniquer ou pas.

La théorie fonctionne de cette façon : On analyse la situation afin de décider comment réagir.

L'issue, vous le savez à présent, est binaire : caca mou ou caca dur ? Si la peur part d'une menace irrationnelle, d'une critique pour dévaloriser, ou troubler, alors caca mou. #tirerlachasse. Mais s'il s'agit d'une peur qui a du mal à passer, qui bouscule et insécurise, c'est un caca dur. Cela signifie qu'il y a des actions à mener pour le faire passer en caca mou. #cacadur #constipation #laxatif Concentrez-vous sur le concret et votre expérience.

Exemple caca dur : "il menace d'enlever votre enfant alors qu'il ne s'en est jamais occupé".
"Je l'abandonne avec sa fille".
"Je suis une mauvaise mère si je fais cela".
Il surfe sur votre plus grande peur. Votre valeur sacrée est de garder votre famille en sécurité mais vous savez au fond de vous qu'il ne s'occupera jamais de votre ou vos enfants. Alors le quitter, comme rester, vous met en panique.

Réfléchissez plutôt à ce qui peut l'empêcher d'enlever votre enfant de façon rationnelle. Demandez de l'aide ou des conseils à ceux qui sont déjà passés par là. Protégez-vous par anticipation.

Au début, je n'arrivais pas à trier les situations qui en valaient le coup, caca mou ou caca dur. Après avoir subi des violences psychologiques, nous sommes sujettes à des paranoïas. J'appelais souvent une amie qui me raisonnait et me rationalisait sur mes peurs excessives. Elle m'aidait à trier les cacas.

Etape 4 - La déculpabilisation

La culpabilité est l'émotion qui revient le plus régulièrement lorsque le toxique cherche à vous attraper à nouveau dans ses filets. Il redevient doux comme un agneau, c'est la stratégie du LOVE BOMBING.

Mais rassurez-vous, si comme moi vous préparez votre départ : son naturel reviendra au galop et vous culpabiliserez moins d'avoir imaginé partir.

La culpabilité est un levier très puissant qu'utilise le pervers pour vous manipuler.

Il va l'utiliser à travers plusieurs techniques :

LA VICTIMISATION

Il récupère votre empathie. Sa technique consiste à se poser en victime après une dispute, évoquant un passé difficile, un travail stressant, une très très vilaine ex …Cela vous empêche de le sermonner,car vous avez bien trop de peine pour lui et vous n'osez pas en rajouter.

L'ACCUSATION et le JUGEMENT infondés

Il va vous prêter de mauvaises intentions en permanence. Si vous travaillez trop, étudiez, ou même pratiquez une activité autre que de vous occuper de lui, il vous dira que vous n'êtes pas faite pour une vie de famille, que vous délaissez vos enfants, jusqu'à inventer des situations où ceux ci s'en seraient plaints.

Ses critiques touchent à des croyances identitaires.

Bonne mère, bonne épouse, bon parent.

Pour cesser de culpabiliser, vous cédez à ce qu'il demande, vous ralentissez le rythme de votre travail, de vos loisirs, sorties, études.

Vous faites tout pour être plus présente, quitte à prendre du retard et à reporter encore et toujours votre accomplissement, au profit de son bien-être. Tant que cela apaise les choses, c'est ça un couple, non ? Des hauts et des bas.

À long terme, vous réaliserez que vous vous écrasez en permanence, que les bas sont de pire en pire et les hauts, des épisodes de love bombing calculés pour vous faire tenir, le temps de vous sucer votre énergie jusqu'à la moelle. Le manipulateur repousse vos limites, chaque jour un peu plus.

Et comme vous avez peur d'être mal jugée, ou peur de le blesser, vous cédez à ses demandes de plus en plus pressantes.

Des demandes qui ne tiennent à rien, mais vous le faites pour apaiser les tensions.

Parfois il disait que j'étais trop occupée pour garder sa fille alors qu'il voulait, lui, me la laisser pour être tranquille. Il me manipulait en me disant qu'il pourrait dire à sa fille que je ne l'aime pas, que je ne veux pas la voir, ni m'occuper d'elle.

Comme je ne voulais surtout pas qu'elle pense cela, j'insistais alors pour la garder et lui faire faire des activités pour me déculpabiliser. Je faisais tout pour être la mère que je souhaite être.

Se débarrasser de cette culpabilité est très difficile car il s'agit d'un bouton qui figure dans nos valeurs sacrées. C'est très important pour nous, les empathes, d'être de bons parents.

Un jour, je lui ai demandé de faire des activités avec les enfants. Il s'est vexé, disant que c'était comme lui dire : "tu es un mauvais père". La vérité, c'est qu'il n'avait pas envie de passer du temps avec eux, alors, il a provoqué une dispute pour se dédouaner de cette «corvée». Il a su me faire culpabiliser d'avoir osé demander qu'il s'en occupe et m'a rabaissé. Suite à cette dispute sans fondement, j'ai géré les enfants moi-même.

La chose à retenir, c'est qu'un pervers narcissique n'arrive pas à manipuler ceux qui ne culpabilisent pas. Si vous ne réagissez pas à ses attaques, ou ne compatissez pas quand il fait semblant d'être une petite victime, il ira voir ailleurs si une personne empathique ne pourrait pas vous remplacer.

Nous ne sommes pas face à un être sincère…il joue la comédie pour vous faire plier à tout prix, vous voler, vous posséder, et tout vous prendre (ressources matérielles, énergies, tout).

Vous donnez tout et ils vous prennent tout. Ils iront jusqu'à vous dire que vous êtes égoïste et centré sur vous alors que c'est eux qui sont comme cela.

En plus de manipuler vos perceptions, ils vous prendront tout ce qu'ils pourront sans aucune culpabilité. Et si vous ne lui donnez pas, ils vous le prendront de force. Combien se sont retrouvées violées par leur compagnon ou forcées dans leur quotidien ?

Ils le font sciemment !

Pour ne pas entrer dans son jeu, demandez-vous régulièrement s'ils culpabilisent de ce qu'ils vous font vivre ? Non ! Jamais !

Vous pouvez pleurer, vous jeter au sol, souffrir psychiquement comme physiquement ils en profiteront pour s'essuyer les pieds sur vous.

Parfois ils redeviennent aimants et semblent attentionnés. Ne tombez pas dans ce piège : ils vous "love bombe" pour vous remettre sous emprise.

Chaque jour il me dit "je suis en trop chez toi, tu prends tout l'espace" et ma culpabilité pointe le bout de son nez. Depuis la théorie, il me suffit de lister tout ce qu'il me fait. Cela me rationalise et déculpabilise. Il passe tout son temps au travail et me reproche le fait de travailler le peu de temps où il est là, sauf que comme je travaille d'où je souhaite, c'est moi qui m'occupe des enfants en permanence.

Pour me rationaliser, je fais la liste de toutes les fois où il s'est appliqué à être méchant et gratuit.

Une fois déculpabilisée, concentrez-vous sur vous et sur ce qui va bien dans votre vie pour reprendre le lead.

Prendre l'habitude de vous déculpabiliser c'est sortir de l'emprise.

Ce à quoi vous prêtez attention dans votre vie grossi. Si vous vous focalisez sur l'obstacle, vous ne verrez pas la porte de sortie.

Donnez plus de place à ce qui fait vibrer la complétude.

Vous deviendrez de moins en moins influençable, culpabilisable et de plus en plus invincible.

Etape 5 - La désensibilisation ou devenir indifférent au Narcissique

Mécanisme de l'emprise
Couper la culpabilité et s'éloigner de ce que l'on ressent, nous protège quand on est en contact avec les personnes toxiques. Le seul objectif du toxique narcissique c'est d'être au cœur de vos pensées, tel un cancer qui vous envahit. Il devient sangsue. Sangsue de votre vie, de vos finances, de votre énergie. De tout ce qui était abondance chez vous.

Votre cerveau comprend que l'autre vous manipule, le conscientiser est la première étape pour vous déculpabiliser. Une fois désensibilisée, la manipulation n'opère plus.

L'astuce est de commencer par vous centrer sur vous, et sur votre bien-être. Votre attention doit se concentrer sur les plaisirs simples de la vie.

Cela créera un contraste tel que, lorsqu'une personne toxique refera surface dans votre vie, vous serez de moins en moins sensible aux stimulis de la manipulation. En reprenant confiance en vous, vous retrouverez le plaisir de vivre. Vous écouterez de moins en moins ce qu'il dit, car votre sensibilité sera réservée à ce que vous aimez faire, plutôt qu'à essayer à tout prix de le contenter.

Votre cerveau vous dira même : "euh pourquoi il fait chier là le gars, j'étais bien. C'est quand même mieux la vie sans lui".

Devenez émotionnellement intouchable tout en faisant croire que vous n'avez pas changée.

Tenez, un soir, il s'assoit solennellement et me fait part de ses doutes, de ses peurs. Il a des maux de ventre atroces, et en général quand je ne me lève pas pour l'aider, il fait la gueule le lendemain.

Je me lève donc du lit, juste pour l'écouter et analyser froidement. Il mentait, c'était évident : tout le monde l'avait abandonné, le trahissait et j'en passe. Il a sorti toutes ses cartes : victimisation, phrases culpabilisantes, phrases contradictoires. «Je suis une merde, que fais tu avec moi ?» «Professionnellement je n'y arrive pas...Ta sœur ne m'aime pas.» «Ta sœur est méchante et moralisatrice.» Tout ça pour m'épuiser psychiquement.

Feindre de répondre à ses manipulations absurdes sans émotions et en conscience permet de sortir de l'emprise.

Je le laisse penser que je n'ai pas ouvert les yeux sur lui, me permettant d'avoir du répit, et un temps précieux pour planifier l'évasion.

Il me dit qu'il est un magnifique père, soucieux des siens, et je lui répond «oui chéri», en lui faisant croire que je crois tout ce qu'il me dit: que je suis donc inoffensive et encore sous emprise.

Lui, se sent apaisé de croire qu'il a la mainmise sur moi et je vois tout sans me mettre à découvert, ou dans tous mes états émotionnels.

Être conscient permet de désactiver cette sensibilité exacerbée et de ne plus prendre pour nous ce que le pervers nous dit.

Etape 6 - Entourage et renforcement d'emprise

J'ai cherché de l'aide et du soutien auprès de mon entourage. Ils m'aident et sont à l'écoute oui, mais tant que je suis déterminée à le quitter. Lorsque le temps passe, et que je n'en trouve plus la force, mes proches deviennent oppresseurs à leur tour.

Le truc c'est que la pression vous vous la mettez déjà vous-même, vous vous détestez de rester, alors qu'au fond, vous savez qui il est.

Quand vous leur dites "je ne sais pas comment faire pour partir", vos proches répondent : "C'est facile ! Fous le dehors ! Tu t'en fous, c'est pas ton problème si il vit à la rue."

Quand on me dit ça, je ne sais plus quoi faire de ma peau. Être méchante à ce point, ça me foutrait en l'air.

Aujourd'hui je le sais, j'y suis retournée, par addiction et par peur des représailles, mais mes proches n'ont pas compris et m'ont jugée, car je n'ai pas réussi à partir. Ils savent que le manipulateur est un problème, mais personne ne comprend l'addiction.

J'ai d'abord cru qu'ils me jugeaient parce qu'ils ne l'avaient pas vécu eux-mêmes.

J'ai alors beaucoup communiqué avec des amies qui avaient vécu de la violence et s'en étaient sorties. Elles aussi ont eu peur que je ne m'en sorte jamais, que je me voile la face, et elles se sont mises à me mettre la pression à leur tour.

Je suis ressortie de tout cela abattue. Je me sentais si isolée et anormale. J'avais besoin d'être entourée, épaulée. Leur incompréhension était un rejet, un abandon. J'étais si proche de la libération de l'emprise de mon pervers narcissique, ils ont donc tous pensé que c'était gagné.

Me voir reculer au dernier moment a été un coup de massue, pour eux comme pour moi, et ils ont cessé de me soutenir.

Mais face au rejet tout se mélange, et si vous ne contrôlez pas vos émotions et vos pensées, cela renforce l'emprise.

Quand vous êtes réceptives aux manipulations affectives du pervers narcissique et que vous en êtes consciente, c'est pire, vos émotions sont votre cheval de bataille.

Vous savez qu'il est mauvais, mais une fois avec lui vous n'arrivez plus à partir, vos émotions vous jouent des tours et vous paralysent. Vous êtes assommée par la culpabilité, abandonner votre famille serait lâche, cruel, méchant. Cette culpabilité est votre faiblesse.

Une minute vous êtes fière de vous d'avoir compris qui il est, et quand juste après il se victimise et que vous vous mettez à avoir de la compassion pour lui, en l'imaginant à la rue, vous restez, et vous vous dégoûtez.

Cerise sur le gâteau : Il est adorable avec les enfants pendant un temps, et vous vous rappelez de vos rêves de famille unie et des promesses faites à vous-même. Le rejeter, c'est vous renier vous-même. Vous n'êtes pas une personne qui abandonne mais une bonne mère. Vous aviez compris qui il était, vous aviez gagné, et surtout : il n'y avait plus qu'à... vous aviez juste à le quitter. Et là d'un coup, vous ne savez plus.

Avec tout cela. J'étais perdue. Je me noyais. J'ai eu peur de tout. De rester, et de partir. C'est irrationnel, et j'ai même eu peur du fait que ce sentiment soit irrationnel.

Je replongeais avec lui et les gens que j'aime m'ont tourné le dos, je refusais de lui tourner le dos à mon tour.

Je me mettais à espérer, parce que rien ne me convenait. À force d'efforts, il verrait, il changerait.

Pourquoi suis-je comme ça ?

Et bien c'est simple : cet amalgame met mon cerveau en souffrance, aucune issue n'est viable. Il ne sait plus se poser et choisir la bonne stratégie. Trop d'informations se contredisent. Je reste bloquée dans ma situation par facilité, car elle est rassurante: celle-là, je la connais. En restant, je suis conne pour les autres, mais forte à mes yeux. Je me regarde dans la glace, je tiens la barre.

C'est grâce à vos valeurs que le pervers s'accroche à vous. Je vous explique.

Le pervers narcissique se sert de votre culpabilité, à partir de vos valeurs (famille et rôle de mère) mais aussi à travers vos intentions (si tu dis cela, c'est parce que tu es méchante).

Et en voulant partir, vous vous trouvez méchante de l'abandonner, aussi méchante que vos proches.

Et tant qu'il vous fait souffrir, c'est facile de vouloir partir. Mais quand il est en love bombing et que vous planifiez votre départ, vous imaginez toute la peine qu'il va ressentir à cause de cet abandon, puisque vous ressentez le même rejet, au même moment, de la part de vos proches et de votre famille.

Ça me coince.

Le pervers narcissique n'est pas dupe, il sent quand vous comptez partir, car vous êtes plus distante, plus calme et plus lucide face à ses manipulations.

Lorsque vous vous détestez après avoir reçu les sermons de votre famille et que votre pervers narcissique se victimise, en disant justement que tout le monde l'abandonne, vous voilà connectés, vous vivez la même chose.

Vous culpabilisez de lui faire ce que les autres vous font.

"J'étais prête à lui échapper et la culpabilité me rattrape..." Elle semble plus rapide que mon ombre, c'est flippant. On dirait que cet homme sent ma détresse comme un animal et s'y engouffre comme une bombe puante et culpabilisante. Sauf que non, tout semble orchestré, mais c'est une réaction en chaîne presque logique. Se victimiser ,ça il l'a toujours fait, mais comme cette fois je veux partir, j'ai la sensation qu'il le fait exprès.

Cela vous donne l'impression d'abandonner celui qui souffre, presqu'au même titre que vos proches, quand ils vous abandonnent.

Mais votre douleur et la douleur de ce monstre toxique n'est pas la même. Elle est incomparable: lui il fait semblant, vous pas.

Lui il a d'autres victimes sur lesquelles se consoler.

Mais quand on se sent seul à en crever, la moindre petite attention du manipulateur sera comme une dose d'amour. Oui... une dose... si petite soit-elle.

Habituées à ne rien avoir, à perdre l'affection de tous pour des raisons banales, il ne nous faut pas grand chose pour nous sentir aimées.

C'est comme être sous l'emprise de l'alcool, un rien vous fait replonger. Les récentes avancées scientifiques ont montré qu'une personne qui vient de quitter un pervers narcissique a les mêmes zones du cerveau qui s'allument qu'une personne en sevrage de l'héroïne. C'est la même descente aux enfers que l'on vit au moment de la séparation...

Lorsque tout le monde vous abandonne, sauf le toxique, qui seul reste malgré tout, cela ressemble a de l'amour inconditionnel.

Quand il fait ce qu'il faut, qu'il s'occupe de notre fils avec moi, ou nous emmène en balade en forêt, il me donne une nouvelle raison de rester... J'étouffe, ma gorge se noue, je lutte contre ces émotions et cette angoisse qui monte. Au lieu d'être en train de planer grâce à cette micro dose d'amour, je m'imagine partir. Il est si parfait "au bon moment" que cela me culpabilise de vouloir le quitter.

Je suis bien trop consciente à ce stade pour tomber dans le panneau du love bombing, mais bien trop accro encore pour partir.

Je m'en veux de rester.

Un combo explosif de chaud et de froid qui fait qu'on ne sait plus où on en est.

La solution :

1. Dire à vos proches que leur rejet accentue l'emprise. Vous ne pouvez pas les faire changer d'avis, mais vous pouvez obtenir d'eux qu'ils la ferment.

2. Acceptez sans jugement que vous replongez. Ces yoyos sont normaux, et prouvent que vous êtes en voie de guérison. Être conscient est la clef. Quand vous replongez, observez comment et pourquoi. Une fois que c'est fait, vous réaliserez que cette personne que vous cherchez à protéger est toxique, et vous vous détacherez un cran de plus. Chaque cran est important, tant que vous restez lucide. Tant que vous ne vous voilez pas la face, vous êtes en plein deuil, en pleine acceptation. Si vous le quittez sans faire ce travail, il lui sera facile pour lui de vous récupérer.

Débarrassez-vous de la culpabilité, totalement: y compris celle de rester avec, et même parfois, d'apprécier les moments passés en famille.

Ne vous embarrassez pas de pensées parasites, restez lucide, claire et observatrice. Vous verrez qu'après coup, tous les moments que vous avez appréciés sont teintés de manipulation, cela vous rincera de plus en plus. Et un jour, vous serez suffisamment désensibilisée pour partir sans regret.

Quand ma famille me demande comment ça va, je dis que tout va bien, et je parle de tout sauf de lui.

Etape 7 - L'étape maîtresse : le sevrage

J'étais accro. Je voulais me sevrer, mais comme on dort dans le même lit, les émotions s'en mêlent, difficile de partir. Lâchez la culpabilité, ce n'est pas que vous appréciez la violence, ou que vous soyez accro au fait d'être maltraitée comme le pense votre entourage, c'est bien plus complexe que cela.

Vous êtes accro aux petites miettes d'espoir de famille saine et unie que votre manipulateur vous a promis. Vous avez du mal à oublier ce rêve de famille parfaite, que vous semblez devenir parfois, durant un laps de temps très court. Ça ne dure pas, ça ne dure jamais, mais ça vous fait tenir.

Quand vous pensez partir, il y a cette idée persistante que vous êtes lâche d'abandonner. Vous êtes tentées de dire "regarde, il est bien parfois. Peut-être que tu te trompes".

Vous devez donc vous rappeler à l'ordre.

Maintenant que vous le savez, il est temps de vous sevrer pour vous en sortir. C'est votre vie ou la sienne.

Il y a des moments heureux, dont il se sert ensuite pour vous blesser au moment même où vous vous sentez soulagée. Il sait comment vous blesser, vous atteindre, et vous retenir. Il appuie sur vos cordes sensibles, et cela fait de votre rêve un enfer.

Toutes vos failles, il va les combler, puis tout vous reprendre volontairement pour provoquer une dépendance.

Vous serez comme une droguée qui veut sa dose, et les proches ne comprendront pas l'attachement et la compassion pour votre bourreau.

Cette réaction qui se passe dans le cerveau est chimique, incontrôlable.

Votre propre névrose, ce manque de reconnaissance et cette dépendance affective, vous ont rendu accro au bien-être que vous ressentirez lorsqu'il essayera de vous conquérir.

Ses louanges sont vraies. Ce sont les critiques qui apparaissent sans raison qui sont troublantes. Parfois, et dans des conditions similaires, vous serez ou une reine , ou une salope sans cœur.

On lui fait confiance, on l'idéalise tellement qu'on croit tout ce qu'il nous dit et on s'y raccroche comme à une bouée de sauvetage, pensant qu'il nous fait évoluer par ses exigences. Il souffle le chaud et le froid pour nous perdre dans nos réflexions stériles et nous rendre addict à la prochaine dose de bien-être.

C'est presque inconcevable pour un esprit sain d'imaginer que l'on peut être sous l'emprise d'une personne toxique.

Ma santé, comme je vous le disais, m'a forcée à partir en convalescence.

Les départs répétés ont été salutaires et m'ont sauvé la vie. Ils m'ont permis de prendre du recul, de comprendre ce qui m'était arrivé. J'ai entamé un travail de sevrage et j'ai sorti tout le mauvais que je contenais en moi.

Crises d'angoisse, peurs bleues, tout ressortait alors que j'étais en sécurité et au paradis affectif.

Je suis partie plusieurs fois pour de longs moments avant même de commencer à comprendre pourquoi ma famille tant rêvée n'existerait jamais. J'ai ressenti le manque, mais en même temps, j'étais libérée.

Me sevrer régulièrement me montrait qu'une vie saine et simple existait, me détachait de lui et de son emprise. Dites-vous quand vous êtes en période de sevrage que l'état de manque dans lequel vous êtes, et qui semble ne pas avoir de sens, est une période de désintoxication.

Revenir avec lui ressemble au fait de reculer. Mais c'est nécessaire, maintenant que je suis consciente et avertie, à chaque fois qu'il est méchant, cela me sèvre un peu plus chaque fois..

Je suis encore officiellement en couple avec lui, je prépare mon départ et j'ai pour objectif de sauver ma peau sans mettre mon fils et moi-même en danger. C'est un peu comme si je prenais de l'avance pour que l'atterrissage post-rupture soit moins hard.

Mes copines ont réalisé ce processus de sevrage qu'une fois parties...car elles l'ont quitté dans la précipitation, dans l'urgence. Leur vie était en danger, elles n'avaient pas le choix. Il fallait qu'elles partent et elles ont dû le faire avant moi.

Elles m'ont toutes dit que, si elles n'avaient pas fait de crises d'hystéries et étaient restées stoïques, elles auraient pu tranquillement organiser une sortie beaucoup plus douce, comme je le fais actuellement. Elles avaient répondu aux multiples attaques et cela les avait clairement mises en danger, elles et leurs enfants.

J'avoue avoir beaucoup de chance. Il s'agit déjà de mon caractère de ne pas me précipiter et de ne pas m'énerver. J'ai toujours négocié les conflits par le calme et le silence. C'est ce qui me sauve aujourd'hui. On m'a beaucoup qualifié de force tranquille. Je me répète: "même pas en rêve je répondrai à tes attaques, je ne m'abaisserais pas, espèce de caca mou".

Mes copines s'emportaient contre leur pervers avec leur ego qui leur disait de ne pas se laisser marcher sur les pieds. Leur comportement est logique : L'Attaque appelle à la défense.

Je me défendais autrement, je ne répondais pas aux provocations.Ne pas entrer dans son jeu fait partie du sevrage.

Ce qui vous oblige à vous occuper d'autre chose que de lui : VOUS OCCUPER DE VOUS !

Par culpabilité, on a tendance à rentrer bien sagement à la maison pour, au final, aller se faire re-matraquer à nouveau.

Quand on rentre à la maison, on se raconte que l'on tiendra avec notre toxique, qu'une autre vie ne sera pas pour nous finalement.

Un peu résignées, nous pensons que c'est ça notre vie. Mais le sevrage est enclenché, et ça, le corps et l'esprit s'en souviendront toujours. Une fois dans la tourmente, vous penserez tous les jours au bonheur que vous avez ressenti de vivre sans lui. Comme une obsession.

Une fois sevrés, cela permet de se rendre compte que la vie sans lui est vraiment plus agréable. Il vaut mieux qu'être mal accompagnée : ce n'est pas qu'un dicton à la "con".

Etape 8 - Pression
Comprendre les attaques de panique - la paranoïa - se faire aider
Vous vivez l'impensable, l'irrespect, les tromperies, les mensonges, vous êtes forcée, envahie, harcelée...

Votre cerveau veut à l'avenir vous protéger pour ne pas que vous reviviez pareille souffrance. Il envisage le mal partout. Et si je refais ma vie ? Et si lui ou elle aussi me trompait, me mentait ou m'arnaquait ?

Vous tombez naturellement dans la paranoïa et une peur généralisée. Vous ne penserez qu'à des scénarios catastrophiques, aux risques que vous prenez.

Ne niez pas qu'il y a toujours un risque à faire confiance, mais soyez bien consciente de ne pas exagérer. Il y a bien des proches bienveillants et vous le savez. Je sais que vous paniquez à l'idée que des êtres précieux vous fassent du mal un jour. Par une parole, une pression, une incompréhension.

Apprenez à pardonner lorsque l'autre n'a pas de mauvaises intentions, car, vous avez des êtres précieux autour de vous, et ils font ce qu'ils peuvent pour vous. Parfois leurs paroles dépassent leurs pensées.

Vous ressentez comme un burn-out émotionnel.

La saturation que l'on ressent lors d'un burn-out et une crise de tétanie se ressemblent.

On se retrouve en arrêt sur image. Impossible de bouger.

Certains jours, les proches pourront vous secouer et cela vous fera du bien, d'autres jours, ce sera pire que tout.

Alors que l'on peut "violenter" verbalement pour faire bouger quelqu'un, on ne peut pas le faire si la personne est en période de tétanie. Ce serait rajouter des angoisses ou de la violence et cela ne ferait qu'aggraver l'état de la personne.

Pour vos amis et vos proches, c'est difficile de faire en fonction de votre état émotionnel, surtout si ces derniers sont avant tout rationnels.

S'ils sont émotionnels, ils sont pris par leurs propres émotions, leurs expériences personnelles, leurs peurs, leur propre vie, et pourront vous envahir sans s'en rendre compte.

Un jour, une amie m'a écrit complètement paniquée pour me mettre la pression. Elle savait mieux que moi les dégâts qu'une relation de dépendance toxique a causée chez elle. Elle vivait un stress post-traumatique et a fait un transfert sur moi. Elle m'a mis la pression pour que je le quitte de toute urgence.

Elle ne voulait pas que je vive la même chose qu'elle et voulait me faire passer à l'action. Cela a fait l'effet inverse et m'a fait vivre une crise de tétanie.

Mais comme on dit, ça partait d'une bonne intention !

Les peurs, irrationnelles comme rationnelles, sont là pour nous protéger, nous faire passer à l'action, pour nous mettre en sécurité.

Ne pensez pas comme votre entourage : que le chemin vers l'accomplissement d'une vie épanouie sera un long fleuve tranquille.

Vous dévalerez l'escalier parfois. Ne vous dévalorisez pas de cela. On se casse tous la gueule, surtout nous.

Cela signifie juste que votre compassion pour le PN vous a perdu un moment, mais fait de vous une belle personne.

Caca mou : ceux qui vous disent "on pensait que tu avais compris". Ils ne pansent rien ces gens-là. On les emmerde, ils ne vivent pas cette détresse spécifique.

Quand vous êtes complètement paralysée, prête à vous mettre en position PLS dans votre lit, pas par déprime mais par tétanie pure, vous sentez que vous pourriez mourir de peur. Cette tétanie vous indique une direction, une faille en vous. La mettre en lumière permet de nettoyer ses plaies et d'avancer.

Suite au crédit de Marc, ouvrir le courrier est devenu une torture. Je me fais violence et j'ouvre le courrier, la peur au ventre, une fois par semaine.

Lorsque j'explique cela à des personnes n'ayant pas vécu l'emprise, elles ne me comprennent pas. Par contre, lorsque je m'adresse à d'autres femmes qui ont traversé ce que je vis, elles comprennent que chaque pas est un exploit, un effort colossal à fournir. On est comme engourdi de douleur et se bouger devient une épreuve en soi.

Je me suis souvent posé la question suivante : Peut-on demander de l'aide ?

Demandez de l'aide, oui ! mais pas à n'importe qui !

Bien sûr que j'ai appelé à l'aide, bien sûr qu'on m'a écouté, conseillé, et je ne savais pas que le prix à payer pour ces confidences serait le prix fort. La pression permanente de la fameuse question : Alors, tu l'as quitté ?

Quand je supporte cette question qui revient constamment, je m'isole un peu plus.

Je le vis comme si chacune de ces personnes dans ma vie décidaient pour moi, et je devais céder à celui qui me mettrait le plus de pression.

Je vous conseille de vous entourer de ceux qui ont vraiment compris l'emprise, mais de ne pas fermer la porte aux autres. Ne vous fermez pas comme une huître, il faut parler pour que les choses bougent.

Ne laissez pas la pression des autres vous dicter qui vous devez être.

L'étape 9 - Protection

Aux yeux des autres, j'étais soumise, alors que je voulais juste la paix : je cédais ou je faisais semblant. Soumise - naïve - conne crédule, j'ai tout entendu.

À présent, je sais que cette façon de fonctionner est une force.

Je ne le laisse plus m'atteindre. Je laisse le caca dans le caniveau et je suis déterminée à ne jamais répondre aux bassesses de mon manipulateur. Il peut rentrer à 5h du matin complètement bourré sans avoir prévenu, je ne dis rien.

Un mec qui veut tromper sa femme la trompera. Et ce n'est pas parce que vous vous énervez, qu'il ne le fera pas.

Ce type de personne n'a aucune empathie, aucune écoute, aucune éthique, il peut trahir ses frères, sa sœur et sa mère ! Il ronfle la nuit sans se soucier de vous, ni des autres.

M'énerver, me venger, tout ceci serait vain !

J'ai choisi de ne pas broncher, et à chaque fois qu'il est clairement méchant, je garde le silence. Chacune de ses accusations me "sèvre" un peu plus de lui.

J'ai choisi cette méthode pour survivre... Puis, avec le temps, je me suis aperçu que j'évitais bien des débats stériles. J'avais de moins en moins de monologues éreintants et humiliants la nuit. Il m'empêchait de moins en moins de dormir. J'utilise ces moments de répit pour observer, me décider, avancer et élaborer mon plan. Je mesure chaque détail pour enfin un jour ne plus vivre avec lui.

Oui, j'avoue je l'aimais, mais je ne peux pas continuer à vivre dans cette toxicité, cette vie de merde qui me freine.

Je vaux mieux, je mérite mieux ! Mais le jour où ce sera fini je préfère être déjà loin, avant même qu'il s'aperçoive que tout est terminé pour lui.

L'ego est la seule, je dis bien la SEULE chose qui leur importe. Si vous gardez leur image intacte, vous serez tranquille pour vous sauver, VOUS et vos enfants.

Qu'est ce que ça peut vous faire qu'il puisse admirer son reflet dans le miroir ? À quoi ça sert de lui dire ses 4 vérités ? Ce qui compte c'est vous et vos enfants. Le reste : CACA MOU.

Ne leur dites pas qu'ils sont toxiques, ne leur dites pas non plus qu'ils sont de mauvais pères. La vérité, il la retournera contre vous.

On ne se bat pas avec un mec toxique, on l'endort, on lui dit ce qu'il souhaite entendre, on fait de l'humour et on l'évite.

Pourquoi vouloir réagir normalement avec un fou ?

C'est comme si vous étiez prise en otage avec un taré. Au bout d'un moment, il n'y a pas d'autres choix que de manipuler une partie de lui pour réussir à vous échapper.

Faites un point d'honneur à ne jamais (et je dis bien JAMAIS) vous énerver. Le toxique n'attend que ça. Il jubilerait vraiment de vous voir en pleine crise d'hystérie, et ce, même s' il vous a harcelé toute la journée.

Il viendra régulièrement vous manquer de respect. Vous ne devez surtout pas vous énerver !

J'achète ma paix, afin de garder mon énergie pour réaliser la vie de mes rêves, celle qui me fait vibrer, m'adonner à l'écriture de ce livre, faire du développement personnel, subvenir à mes besoins et préparer mon départ.

Pendant ce temps, il ne s'inquiète de rien. Pendant ce temps là j'en profite pour reprendre des forces.

Des forces incroyables !

Il continue à vivre comme si de rien n'était et moi, j'avance aussi dans la direction qui m'anime. Je ne ferai rien en urgence comme le souhaitent mes proches.

Quand on va vite, on se cogne partout et on fait beaucoup d'erreurs.

Je lui suis insaisissable. Quand il me pose une question, je réponds; ah bon ? tu crois ?

Quand il me fait une critique je réponds : oui chéri.

Il s'agit de ma survie, de mon bien-être et de ma santé, tant mentale que physique. Il ne s'agit pas de me fourvoyer, mais de minimiser l'impact de cette toxicité sur moi, le temps de m'en aller. Je souhaite que mes projets prennent vie et avoir une vie qui bouge. Prendre soin de mon avenir et de lui de mon fils passe par nous protéger du caca mou.

Etape 10 - Post trauma

Contrairement à ce que l'on pourrait penser les crises stress post-traumatiques ne surviennent pas que post rupture. Elles peuvent se manifester au gré de vos prises de conscience, pendant que vous êtes en couple avec votre Pervers.

Les crises post-traumatiques sont les pires à vivre quand on les compare avec les événements qui nous ont traumatisés, elles peuvent surgir alors qu'on vit encore avec l'oppresseur. Si nous sommes restées des années, un jour, tout ce que l'on a emmagasiné comme injustice ressort. C'est le syndrome post-traumatique.

On se retrouve à courir hors de sa chambre en fermant vite la porte, croyant que l'on est en danger de mort. On passe aussi par des crises de paranoïa et de peurs excessives.

Je ne souhaite à personne ces crises de panique, ces moments d'étouffements.

Tout est fuck-up en nous et on rumine ce qui nous est arrivé.

Avoir la paix est le luxe suprême. Je crois que l'on finit par l'obtenir, une fois que l'on a accompli sa destinée et pas en voulant fuir les ennuis.

L'après PN, passe par se pardonner, se conscientiser et se focaliser sur soi pour en faire son socle. Il faut continuer à observer (sans émotion) et bien choisir son entourage, gérer la pression, la paranoïa, la peur ou encore la tétanie.

Ensuite, il nous faut constater l'état dans lequel on est, l'indifférence du PN et décider de lui rendre sa culpabilité.

À terme, plus personne ne pourra surfer sur votre empathie et vous faire pitié.

J'avais souvent des montées de stress, pour tout et rien. Constamment en mode alerte, je marchais sur des œufs et je contrôlais tous mes faits et gestes. Si je dis telle ou telle chose, ou si j'ai l'air de critiquer, il me rendra la vie infernale "puissance mille".

On finit par avoir peur d'avoir peur.

Cela nous plonge dans un stress constant qui nous empêche de vivre normalement, abîme notre santé et gaspille notre temps. Un temps précieux que nous pourrions consacrer à notre développement ou au simple plaisir de vivre.

On a le cerveau détraqué, on devient hypersensible ; pour beaucoup, agoraphobe.

Je gère ces crises comme je peux, évidemment, mais tout me coûte beaucoup d'énergie.

Ce qui m'aide dans ces moments-là c'est de m'auto-rassurer.

- Qu'ai je fais de mal ? Si il découvre ce que j'ai fait il va s'énerver, mais ai-je fait quelque chose de mal ou de malveillant ? Non !

Vous pouvez aussi parler à un ou une amie qui vous aidera à "rationaliser".

Cependant, ne vous appuyez pas là-dessus, car le jour où la personne qui vous aide ne pourra pas, n'aura pas envie, sera dans un autre mood vous ne saurez pas gérer vos crises d'angoisse.

Généralement, la garde des enfants, c'est ce qui fait le plus peur. Va-t'il avoir la garde ? Va-t-il les avoir les week-end alors qu'il ne sait pas s'en occuper ? Va-t-il mettre en danger les enfants ? Vais-je avoir des représailles ? Va-t'il me causer du tort ? Évidemment que quelqu'un comme moi culpabilise de gagner du temps en jouant la comédie. Ce n'est franchement pas naturel. Surtout quand on affectionne la transparence.

Il est aidant d'apprendre la visualisation : Par exemple, je visualise ma future maison, la lumière qui m'éblouit, mon fils qui court partout entre le jardin et la maison. Cela m'a beaucoup portée.

Il s'agit de sauver mon fils et de vivre à nouveau en sécurité. J'ai hâte que les Posts-trauma s'en aillent. Il paraît qu'elles partent avec le temps.

L'étape 11 - Observation et dégoût !

Devenez leur confidente.

Une fois, il m'a raconté avoir fait pleurer sa mère en refusant de répondre à ses appels, puis a répondu à la dernière minute. Elle était si heureuse de pouvoir enfin lui parler qu'elle en a oublié sa colère.

Cela ne sert à rien de lui demander : pourquoi fais-tu cela ?

Tout est calculé et absurde ! Tout ! Même quand il m'écoutait en début de relation pour calculer mon âme.

Quand il m'a raconté qu'il faisait consciemment du mal, je me suis souvenue des débuts avec lui : il ne me répondait pas et tout à coup, des heures après, il répondait. Cela me faisait une montée d'adrénaline importante, heureuse qu'il me considère enfin. Et c'est là que j'ai compris comment il m'a rendu accro ou dépendante, comment il frustre puis accorde de l'importance quand je m'y attends le moins.

Mes copines partaient au gré des disputes, sans avoir vécu la relation, jusqu'à en être vraiment écoeurées. Leur esprit restait bloqué sur ce début de relation aux apparences si idylliques. Elles revenaient toujours, car ils les avaient re-courtisées, et elles avaient re-cédé.

J'ai déjà entendu certaines personnes me dire qu'elles se sont séparées de leur compagnon une centaine de fois. Pour ma part, je ne le ferai qu'une fois. Je me concentrais chaque jour pour le désaimer et m'en dégoûter du plus profond de mon être. Je n'avais qu'à l'observer pour m'en dégoûter : Comment il traite les enfants ou ne s'en occupe pas du tout. Comment il les insulte, ce qu'il pense de ses amis et de sa famille. Comment il me traite au quotidien. Il ne peut s'empêcher d'être méchant. Lui, pense asseoir une emprise par la peur de plus en plus imposante, mais il n'en était rien.

Mes objectifs ont changé. Je devais, en me dégoûtant, faire le deuil de cette famille unie que je voulais tant. Maintenant je rêve d'un ailleurs sécurisant pour mon enfant, que la joie éclate, que le bonheur transpire. Sans lui. J'inverse ma croyance : oui, être une maman célibataire c'est mieux que d'élever des enfants avec un boulet et des chaines aux pieds. Surtout quand on sait être heureuse seule.

J'ai donc fait le deuil, j'ai vomi ce mec, et je l'ai tellement observé que cela m'a aidé à me détacher..

L'étape 12 - Ne lui dites rien

Ne lui dites pas ce que vous avez compris de lui. Ne le démasquez pas au grand jour ! Ne le blessez sous aucun prétexte. Ne défaites pas l'idée qu'il se fait de lui.

Cette étape est très difficile, car on brûle tous d'envie de les afficher.

Quand vous connaissez déjà la vérité et qu'il re-ment cela va vous choquer. Savoir la vérité est une grande force pour comprendre à quel point il vous ment. Laissez-le s'enfoncer dans ses nombreux mensonges. Il sera apaisé de croire que vous avez gobé ses conneries. Cela vous confortera dans le fait qu'il faut partir. Si vous le confrontez, il va réussir à inverser les rôles, détourner l'attention, vous déstabiliser, ou dire une chose si absurde que votre cerveau se mettra à l'arrêt.

Comme si vous étiez en pleine conversation absurde :
- Tu veux du sel ?
- Non j'ai encore des tomates
- Mais tu es sûr que tes parents vont bien ?
- Je ne sais pas. Il ne va jamais à la piscine.

Souvent, il me mentait en me regardant droit dans les yeux, et je me mordais la langue pour ne pas le confronter à ses mensonges.

J'ai imaginé la conversation une centaine de fois :
- Oui je sais que tu m'as menti !
- Ah oui ? et si je t'avais dit dès le début tu serais restée ?
- Ben non !
- Ha et c'est de ma faute maintenant ? Alors que tu as vu comment tu es ? Tu ne m'aimes pas !

Et ensuite ? Vous laissez passer, vous avez les bras coupés et là il n'y a plus de limite; il y en avait déjà pas beaucoup avant ! Vous perdez tout, y compris la force que vous avez de savoir la vérité !

Arrêtez de vouloir lui prouver qu'il a tort. On s'en fout de qui a raison, car il ment. Il va même s'emmêler les pinceaux dans ses mensonges. Laissez-le s'enliser, c'est caca mou ça ! Pensez uniquement à vos objectifs !

L'étape 13 - Évacuez les émotions, vivez la vie - pardonnez-vous en prenant votre temps

Les émotions sont faites pour être vécues. Au début, par survie, on ne les exprime pas, on les contient pour avancer, pour ne pas nous écrouler.

Pleurer voulait dire échouer. Et pourtant, pour passer à autre chose et reprendre courage, nous avons besoin de cela. Nous exprimer c'est nous nettoyer.

Les émotions non exprimées se cristallisent en nous. Elles finissent par définir notre identité et pourrir en nous. On devient angoissé(e), peureux(se)...

On étouffe !

Comme ci on s'intoxiquait.

Quand on est sous emprise, on a une pression constante de l'entourage, du toxique, et de nous-même. On s'inflige un auto-jugement énorme.

Cette façon de penser nous ralenti, nous culpabilise encore plus et tape dans notre estime de soi.

Marc n'est pas ma première relation toxique. Lorsque j'étais plus jeune, j'ai connu un homme atroce.

Pendant les vacances, il me promettait de superbes virées à la mer. On partait chez sa mère au bord de la méditerranée, et il disparaissait.

Enfermée toute la journée je ne parvenais pas à pleurer. J'étais en alerte constante. Sa mère m'observait, comme si elle allait tout lui répéter.

Tous les jours je me disais : dans 2 semaines je le quitte. Et je n'y parvenais jamais...je sombrais de plus en plus en perte d'estime de moi. ''Même pas capable de partir et de me faire respecter ! ''.

J'étais mal. Mon coeur battait fort tout le temps, avec la peur des représailles. Ce n'est qu'en fin de relation que j'ai osé lâcher les larmes. Avant...c'était impossible.

Je ne pleurais pas devant eux, ils m'auraient écrasée.

Quand j'ai pu le quitter, je me suis accrochée à ma liberté comme jamais.

Pardonnez-vous de ne pas réussir et de prendre le temps

Je me disais: J'ai procrastiné pendant 6 mois... ! Je ne l'ai toujours pas quitté !

Je m'en voulais alors que j'avais fait un chemin colossal pour sortir de l'emprise, pour vivre mes émotions, me renforcer, et imaginer un ailleurs.

Cela vous prend du temps ? Et bien tant mieux ! Les belles choses prennent du temps à élaborer. Ce ne sont pas les autres qui vivent ce que vous vivez. Vous seul(e) savez ce que vous vivez, ce que vous ressentez ou ce que vous devez faire de votre vie.

Quand vous êtes dans ce genre de situation, vous êtes seul(e) face à vos problèmes et vos émotions.

Même vos parents, proches ou ami(e)s ne peuvent rien pour vous ! C'est à vous de choisir votre vie !

Vous pardonner avant même d'être parti(e) vous fera aller plus rapidement vers la vie de vos rêves. Je sais que je m'adresse à vous de façon rationnelle, cependant, se donner le temps contrairement à ce que l'on pourrait penser est primordial.
Ce travail est colossal vu la culpabilité ressentie.

Pardonnez-vous d'être une belle personne, transparente, honnête, humaine et aimante. Préférez être à votre place plutôt que d'être à la place de l'usurpateur.

L'étape 14 - Personne ne vous sauvera à part vous même - faites-vous confiance

Marc n'est jamais présent pour son fils. J'ai fait tampon. Durant ses premières années je ne lui refusais rien, dans le but de compenser l'attitude et l'absence de son père. Ce n'est qu'aujourd'hui que je comprends que cela ne l'aidera pas, et ne le rendra pas heureux si je cède à tout. Maintenant, je lui apprends à s'auto-consoler tout en étant sécurisante et bienveillante.
Si mon fils sait s'auto-consoler au moment de se coucher après avoir pleuré, pourquoi pas nous ?

C'est après la crise que je visualise un avenir radieux et que je réalise tout ce dont je suis capable pour y arriver.
Aidez-vous en ne comptant sur personne et si l'on vous aide tant mieux ! N'attendez vraiment rien de personne. Être en détresse ne veut pas dire que quelqu'un viendra vous prendre en pitié.

Prenez-vous en main, pleurez si vous le souhaitez, visualisez, encouragez-vous, regardez des videos, lisez, documentez-vous et faites vous confiance pour prendre votre vie en main et arriver à la destination choisie.

L'étape 15 - Le passage à l'action

Passer à l'action permet de reprendre confiance en nous. Cela nous remet aussi dans le moment présent, donc dans la vie. On ne pense plus à ce maudit passé, aux traumatismes, on se concentre sur les actions présentes et sur ce qui pourrait advenir si l'on réussissait.

Écoutez vos angoisses comme un guide un peu trop sensible. L'idée est d'en faire vos amies.

On se sent si bien et si fier(e) de nous une fois la tâche accomplie. De plus, lorsque la prochaine angoisse surviendra, nous saurons un peu mieux quel chemin emprunter.

Je m'étais repliée sur moi et je ne prenais plus aucun risque tellement mon cœur s'emballait trop vite. Si mon fils criait, j'avais tendance à penser qu'il s'était passé quelque chose de grave.

Je suis clairement déréglée et avec ce postulat j'ai entrepris des minis-actions : Face à une tétanie, une peur : je l'affronte.

Au début il s'agissait de mini peurs...aller me balader avec mon fils en changeant de quartier ou l'emmener faire des activités.

Je monte le niveau à chaque fois et je me couche le soir fière de moi.

Quelques mois plus tard, je suis arrivée à m'occuper de mon dossier de crédit d'endettement avec l'avocat.

Je ne dis pas que je ne ressens rien, mais je respire profondément et me lance en me disant : il n'y a pas mort d'homme.

Etape 16 - Gagner des sous

Pour quitter Marc, je lui ai dit à mon tour que j'étais fauchée. Qu'il ne me restait que quelques clients qui songeaient à partir. Je lui dis cela pour bientôt déménager et lui dire que je ne peux plus payer la location de la maison.

De son côté, Il a voulu me montrer "c'est qui le patron"... grosses dépenses inconsidérées. Le bling bling était au rdv. Voyages à l'autre bout du monde sans donner de nouvelles, grosse voiture...

Il se fait passer pour un Économiste renommé et conseille même des personnes dans la gestion de leur entreprise. Il est pourtant le pire gestionnaire en finances que je connaisse.

Il me reproche d'être radine et de ne pas dépenser. Il me manipule en espérant que je sois un jour encore plus fauchée. Il semble prendre plaisir quand je n'ai pas de sous. Il espère qu'un jour je dépende de lui. Je n'aurais plus mon mot à dire, si…

Non, je ne le laisserai jamais faire. D'autant plus qu'il ne m'offre aucun cadeau.

Chacune des femmes que j'ai pu rencontrer, qui avaient dans leur vie ce type de mec, se sont retrouvées bien souvent sans un sou et sans énergie au moment de la rupture.

J'ai vite compris qu'il ne fallait pas que je lui dise que je gagne ma vie. Comme lui, j'ai fait croire à un black out financier pour me permettre d'être indépendante et de partir confortablement.

Renseignez-vous par avance sur toutes les aides que vous pourrez trouver en France et donnez de l'énergie pour travailler et vous surpasser.

Il y a bien un domaine qui vous plaît et dans lequel vous êtes fort(e) ! Votre zone de génie.

Gagnez en estime de vous, en argent, en indépendance et vous aurez plus de chances de vous en sortir vite après la rupture.

Courage ! Vous avez du talent !

Chapitre 12 - Ma vie d'après

Se choisir...SOI

Je suis partie en procédure pour cette histoire de crédit. L'état confirme que je ne devais pas cette dette. Ils étaient même dans l'illégalité de me demander une somme pareille. L'avocate a demandé des dommages et intérêts. Nous avons gagné le procès et j'ai pu passer à autre chose en étant encouragée par cette somme engrangée. Je travaillais tellement pour offrir une maison à mon fils dans le sud de la France.

Marc lui, m'a annoncé du jour au lendemain qu'il allait déménager ailleurs, et rester à Lyon. Il n'a pas mentionné ses enfants ou moi. J'ai bien compris qu'il me manipulait. Il était dans la provocation et la manipulation pour que je lui dise : "mais non je te suis, j'achète avec toi, je veux une famille unie blabla". Mais "j'ai changé" entre temps, et ça, il ne le sait pas. Moi je voulais une maison pour mon fils et lui en voulait une pour lui.

Je me suis rendu compte en regardant autour de moi qu'il est impossible de partir avec son enfant sans avoir de représailles de la part du père. Je sais que par ego pur il voudra le garder, même si c'est pour ne pas s'en occuper.

Tout est "ego" chez Marc, donc je ne lui ai pas expliqué à quel point c'était un père merdique. Mon discours a plus été : "tu es un excellent père, tu viens le voir quand tu veux. Nous sommes intelligents et voulons le bonheur de nos enfants". J'ai aussi précisé que je ne pouvais plus payer le loyer pour rendre la maison que j'avais en location. Je lui ai également exposé le fait que je voulais vivre près de ma sœur et de mes parents. Il avait très peur de ma famille, notamment car il n'a jamais réussi à m'en détourner.

Si j'avais tapé dans son ego en le traitant de merde, j'en aurais eu pour des années de vengeance. Et je recherche la paix et la liberté avec mon enfant. Je n'empêche pas mon enfant de voir son père, je l'amène à comprendre par lui-même qui il est. Marc l'achète avec des cadeaux pour combler son absence et c' est le cas depuis sa naissance. Mais les enfants sentent cela. On ne peut pas leur mentir. Je me suis autorisée à partir et j'ai réussi à mettre assez d'argent de côté. Je ne lui ai même pas parlé de séparation. J'ai cédé cette maison en location pour aller dans un premier temps chez ma sœur. Prendre le temps de trouver LA MAISON.

J'espérais qu'il choppe une nouvelle proie et qu'il se lasse des allers retours entre Lyon et le sud de la France. La démarche a fonctionné. Son ego était content d'être un bon père, et moi, j'étais soulagée de me dégager du temps et d'offrir à mon enfant une qualité de vie incroyable.

Epilogue - Focaliser sur la solution

Je vis la moitié de l'année au Vietnam et le reste du temps auprès de ma famille en France. Je suis une success woman qui ne s'encombre pas du regard de l'autre. J'ai tout obtenu à la sueur de mon front et je ne vole personne.

Quand je regarde le paysage autour de moi, je peux me dire que j'ai réussi ma vie. Toute cette nature qui m'entoure, me reconnecte à l'essentiel. Je me sens tellement riche !

Marc m'avait enchainé à la France, mais aujourd'hui je me sens libre partout. J'ai enfin l'opportunité de vivre mes rêves qui s'étaient stoppés à notre rencontre.

Fini le sacrifice!

Aujourd'hui, je prends la vie comme elle est. Argent ou pas, le sourire est de mise.

La moitié du temps, je reviens en France, je profite des feux de cheminées et de ma sœur en toute simplicité.

Notre famille à toujours été éparpillée, mais, après tout cela, la volonté de se rejoindre, d'investir ensemble, d'atteindre la liberté financière étaient plus fortes que tout.

J'ai longuement lutté contre mes croyances pour en arriver là et être heureuse aujourd'hui avec mon fils.

Il requiert toute mon attention.

Je suis si heureuse de lui avoir offert cette liberté, ce courage, cette façon d'appréhender la vie.

J'ai tellement eu peur qu'il devienne pervers narcissique; Dieu merci, je ne l'ai jamais vu juger l'autre hâtivement, et j'en suis fière.

Parfois, mon fils appelle son papi : "papa". Au début je culpabilisais, mais vu le comportement de Marc, je le laisse choisir son modèle. Je ne le prive pas de son père, seulement, il ne s'intéresse pas à lui.

Quand je me balade dans ces deux maisons, je prends plaisir à sentir le sol, les matières, les odeurs. Je veux apprécier les repas, les gens, les rencontres et me sentir libre, tellement libre.

Visualiser ce rêve m'encourage chaque jour.

C'est comme si tout était vrai, les maisons, les voyages, le Vietnam, je m'enivre de ces images, de mon espoir. Déterminée, je me focalise sur ce rêve qui me porte

J'y arriverai...et vous ?

J'ai commencé à écrire ce livre il y a deux mois. En si peu de temps je n'ai pas encore pu gagner assez d'argent pour déménager avec mon enfant. Surtout avec les procès contre lesquels je me défends encore.

Je me lève tous les matins avec cette niaque d'enfer pour m'en sortir et générer des sous. J'ai compris que la seule chose qui piège en plus de l'emprise psychologique c'est que l'on peut être dépendantes financièrement de ces pourris.

J'ai compris que la seule chose qui nous rendra forte en tant que femme, ce sera de gagner assez d'argent pour s'en aller avec les enfants. Ils ne voudront pas s'en occuper de toutes façons, donc on ne les prive de rien.

J'ai rédigé presque en temps réel chacun de ces chapitres. Beaucoup d'épisodes datent du début de la relation, mais émotionnellement et physiquement je suis toujours emprisonnée avec ce fou furieux. Bref, il squatte toujours la maison, me critique et essaie de m'humilier. Il ne sait pas que je prépare ce plan d'évasion.

Je vous remercie du fond du cœur pour d'avoir acheté ce livre, car vous contribuez à ce qu'une mère et son enfant puissent dormir un jour, et j'espère prochainement, sereinement dans une maison quelque part au calme, proche de sa famille.

Peut-être souhaitez-vous l'offrir à votre entourage pour qu'il vous comprenne ?

Je nourris le rêve à l'avenir de fonder une fondation pour les femmes, avec au sein de celle-ci des nounous, des policier(e)s, des juristes, des avocat(e)s, des psychologues spécialisés. Quand on écoute les histoires de ces femmes au cœur pur, on est décontenancé par le fait qu'elles acceptent tout. On a besoin d'aide pour s'en sortir et je veux aider ces femmes à s'offrir une nouvelle vie.

Merci chères femmes fortes. Vous êtes des lionnes. N'oubliez pas que si vous avez été (ou si vous êtes) avec un **PN**, c'est que vous êtes une belle personne, avec des valeurs incroyables, et vous pourrez tout affronter. Quand je dis tout, c'est TOUT.

Alors arrêtez de vous dénigrer par pitié !

Love. Sogast.

Printed in Great Britain
by Amazon

18282166R00052